# DICCIONARIO BILINGÜE DE SEGUROS

Bilingual Insurance Dictionary

## Dearborn Financial Institute

**Dearborn**
**Financial Institute, Inc.®**

|                                        |                            |
| -------------------------------------: | -------------------------- |
| Dirección editorial:                   | **Karin N. Kiser**         |
| Supervisión editorial y producción:    | **Editorial Pax México**   |
| Traducción:                            | **Héctor Javier Escalona** |
|                                        | **Elizabeth Nicholas**     |
| Revisión técnica:                      | **Vicente Juárez**         |
|                                        | **Nuria Soler Ponce de León** |
| Portada:                               | **Richard Gahalla**        |

Copyright © 1999 por Dearborn Financial Publishing, Inc.®
Publicado por Dearborn Financial Institute, Inc.®, Chicago

ISBN 0-7931-3557-5

# Contenido / Contents

# A

**accidente** (*accident*) Según el Artículo 474 de la Ley Sobre el Contrato de Seguro (LSCS), recibe este nombre todo acontecimiento provocado por causas externas, súbitas, fortuitas y violentas que produzca lesiones corporales, o la muerte, en la persona del asegurado.

**aceptación** (*acceptance*) (*Véase* ofrecimiento y aceptación)

**aceptación del contrato** (*contract acceptance*) Aceptación por parte del asegurado de los términos del contrato. Si deseara alguna rectificación de los mismos, dispone de 30 días a partir de su fecha de inicio, transcurridos los cuales se considerarán aceptadas las estipulaciones de la póliza.

**actitud profesional** (*proper solicitation*) (*Véase* ofrecimiento correcto)

**adhesión** (*adhesion*) Una póliza de seguro de vida es un "contrato de adhesión" porque el comprador debe "adherirse" a los términos del contrato ya existente. El comprador no tiene posibilidad de negociar los términos, tarifas o valores.

**adiciones pagadas** (*paid-up additions*) Seguro de vida adicional adquirido mediante los dividendos de la póliza, con base en una prima única, a la edad alcanzada del asegurado en el momento de la compra de las adiciones. (*Véase* uso del dividendo en compra de seguros temporales)

**administración de casos** (*case management*) Gestión y coordinación profesional de servicios de salud por medio de valoraciones, elaboración de planes de servicios y vigilancia. (*Véase* administración de costos médicos; segunda opinión obligatoria; precertificación; cirugía ambulatoria; autorización)

**administración de costos médicos** (*medical cost management*) Proceso de seguimiento del uso que hacen los tenedores de pólizas de las mismas. (*Véase* segunda opinión obligatoria; precertificación; cirugía ambulatoria; administración de casos; autorización)

**adquisición de derechos** (*vesting*) Derecho de los empleados inscritos en un plan para el retiro de conservar la totalidad o parte de los seguros de renta adquiridos con las aportaciones hechas por el patrón en su nombre o, en ciertos planes, de recibir pagos en efectivo o el valor equivalente, al terminar su relación laboral, una vez que se han cubierto ciertos requisitos.

**afección crónica** (*chronic condition*) Enfermedad tratable pero no curable, como la artritis o la hipertensión.

**afección preexistente** (*preexisting condition*) Enfermedad o afección médica que ya existía antes de la fecha efectiva de una póliza; por lo regular se excluye de la cobertura, por medio de las disposiciones normales de la póliza o por renuncia. (*Véase* enfermedad preexistente)

**agencia** (*agency*) Situación en la que una parte (un agente) tiene poder para actuar a nombre de otra (el principal) para tratar con terceros. (*Véase* corredor de seguros; sistema de agencia independiente)

**agencia general** (*personal producing general agency system; PPGA*) (*Véase* sistema de agencia general productora personal; AGPP)

**agente** (*agent*) Cualquier persona que, sin ser un corredor debidamente autorizado, ofrece seguros o ayuda al colocar riesgos, entregar pólizas o cobrar primas a nombre de una compañía de seguros.

**agente especial** (*special agent*) Agente que representa a una compañía de seguros en un territorio determinado.

**agente general** (*general agent*) Agente independiente con autoridad, bajo contrato con la compañía, para designar agentes solicitantes con un territorio designado y para fijar su remuneración.

**agravación del riesgo** (*aggravation of risk*) Se presenta cuando el riesgo contratado es menor al riesgo real, en cuyo caso la compañía tiene el derecho de aumentar la prima o cancelar el contrato.

**aleatorio** (*aleatory*) Característica de los contratos de seguros referente a que existe un elemento de azar para ambas partes y que la cantidad en dinero dada por el tenedor de la póliza (las primas) y la dada por la aseguradora (los beneficios) pueden no ser iguales.

**alud** (*avalanche*) Derrumbe precipitado de nieve.

**alza de calificación por edad** (*rate-up in age*) Sistema para calificar los riesgos de nivel inferior que implica suponer que el asegurado es mayor de lo que es en realidad y cobrar una prima más alta en correspondencia.

**Amicable Society for a Perpetual Assistance Office** Primera compañía de seguros que tuvo éxito en Inglaterra; fundada en 1705.

**AMIS** Siglas de la Asociación Mexicana de Instituciones de Seguros, institución concertadora, por lo general ante la Comisión Nacional de Seguros y Fianzas, con ciertas facultades en la materia.

**antigüedad** (*seniority*) En seguros, es el tiempo transcurrido de un contrato en vigor.

**anulación del seguro** (*policy annulment*) Resción del contrato en caso de existir omisión, falsedad o declaración inexacta por parte del asegurado.

**año financiero** (*financial year*) Balance de operaciones del último periodo anual anterior a la fecha del siniestro.

**aportaciones adicionales** (*funding*) (*Véase* consolidación)

**arreglo de prestaciones sociales de patrones múltiples; APSPM** (*multiple employer welfare arrangement; MEWA*) Similar al fideicomiso de patrones múltiples (FPM), excepto que, en un APSPM, un cierto número de patrones agrupan sus riesgos y se autoaseguran.

**arreglos en efectivo o diferidos** (*cash or deferred arrangements*) Plan para el retiro calificado de un patrón al amparo del cual el empleado puede diferir montos determinados de su salario a un plan para el retiro. Estas cantidades no se incluyen en el ingreso bruto del empleado y por tanto se difiere el pago de los impuestos correspondientes. También se les llama "planes 401(k)".

**asegurabilidad** (*insurability*) Todas las condiciones pertinentes a las personas que afectan su salud, su susceptibilidad a sufrir lesiones o su expectativa de vida; perfil de riesgo de una persona.

**asegurabilidad garantizada** (*guaranteed insurability*) Arreglo, generalmente incluido por medio de una cláusula adicional, por el que se pueden adquirir seguros adicionales en diversos momentos sin pruebas de asegurabilidad. (*Véase* emisión garantizada)

**asegurado corriente** (*currently insured*) Referente al Seguro Social, situación de idoneidad parcial que brinda sólo prestaciones por fallecimiento.

**asegurado titular** (*insured policyholder*) Contratante de la póliza y a la vez asegurado de la misma.

**asegurador(a)** (*underwriter*) Compañía que recibe primas y acepta la responsabilidad de satisfacer los términos del contrato de póliza. Empleado de la compañía que decide si la misma debe asumir o no un riesgo específico. Agente que vende la póliza.

**aseguradora** (*insurer*) Parte que proporciona cobertura de seguros, ordinariamente por medio de un contrato de seguro.

**aseguradora accionaria** (*stock insurer*) Compañía de seguros propiedad de un grupo de accionistas (y gobernada por ellos) cuya inversión en la empresa proporciona el margen de seguridad necesario para la emisión de pólizas garantizadas, de prima fija y no participativas.

**aseguradora admitida**
(*admitted insurer*) Compañía aseguradora que ha cubierto los requisitos jurídicos y financieros para operar dentro de un estado determinado. (*Véase* aseguradora autorizada)

**aseguradora autorizada**
(*licensed insurer*) (*Véase* aseguradora admitida)

**aseguradora con servicio a domicilio** (*home service insurer*) Aseguradora que ofrece pólizas relativamente pequeñas con primas pagaderas en forma semanal a agentes que las cobran en el hogar del tenedor de la póliza. (*Véase* aseguradora de débitos; seguro industrial)

**aseguradora de beneficios fraternales** (*fraternal benefit insurer*) Organización de beneficencia, no lucrativa, que brinda seguros a sus miembros.

**aseguradora de débitos** (*debit insurer*) (*Véase* aseguradora con servicio a domicilio; seguro industrial)

**aseguradora extranjera** (*foreign insurer*) Compañía que opera en un estado en el que no está constituida y en el que no se encuentra su oficina matriz.

**aseguradora foránea** (*alien insurer*) Compañía organizada o constituida conforme a las leyes de cualquier país, provincia o territorio extranjero. (*Véase* compañía extranjera)

**aseguradora gubernamental** (*government insurer*) Organización que, en calidad de extensión del gobierno federal o estatal, ofrece un programa de seguros sociales.

**aseguradora local** (*domestic insurer*) Compañía que opera en el estado en el que fue constituida y donde se encuentra ubicada su oficina matriz.

**aseguradora mutua de derrama** (*assessment mutual insurer*) Compañía de seguros que se caracteriza por tener miembros asegurados a los que se les fija una porción individual de cada pérdida que ocurre. Ningún pago de prima es pagadero por adelantado.

**aseguradora mutualista**
(*mutual insurer*) Compañía de seguros que se caracteriza por no tener

acciones de capital; es propiedad de los tenedores de sus pólizas y por lo común emite seguros participativos.

**aseguradora no admitida** (*nonadmitted insurer*) Compañía de seguros que no ha sido autorizada para operar en un estado determinado.

**aseguradora privada** (*private insurer*) Aseguradora no asociada con el gobierno federal o estatal.

**aseguradora recíproca** (*reciprocal insurer*) Compañía de seguros que se caracteriza por el hecho de que los tenedores de sus pólizas aseguran los riesgos de otros tenedores de pólizas.

**aseguradoras de enfermedad comerciales** (*commercial health insurers*) Compañías de seguros que funcionan con base en el enfoque de reembolso, el cual permite al tenedor de la póliza obtener tratamiento médico y después presentar los cargos a la aseguradora para su reembolso.

**aseguradoras de servicios** (*service insurers*) Compañías que ofrecen planes de prepago de servicios médicos u hospitalarios; en Estados Unidos son ejemplos muy conocidos los planes de Blue Cross y Blue Shield, así como las organizaciones para el mantenimiento de la salud.

**asistencia administrada** (*managed care*) Sistema para brindar asistencia médica y servicios de asistencia médica, caracterizado por arreglos con una selección de proveedores, programas de control de calidad y revisión de utilización permanentes, e incentivos financieros para que los miembros utilicen los proveedores y procedimientos cubiertos por el plan. (*Véase* red médica en convenio; organización de proveedores exclusivos; organización de proveedores preferentes; red médica afiliada)

**asistencia de descanso** (*respite care*) Tipo de asistencia sanitaria o médica que tiene por objeto proporcionar un breve periodo de descanso a la persona que normalmente brinda los cuidados. Se caracteriza por su naturaleza temporal.

**asistencia de enfermería intermedia** (*intermediate nursing care*) Nivel de asistencia médica o sanitaria que es ocasional o rehabilitativa, prescrita por un médico y proporcionada por personal médico capacitado.

**asistencia de largo plazo** (*long term care*) Se refiere a la amplia gama de servicios médicos y personales para personas (de edad avanzada en muchos casos) que requieren ayuda en sus actividades cotidianas durante un periodo prolongado.

**asistencia médica a domicilio** (*home health care*) Cuidados profesionales o no profesionales que se brindan en el hogar de una persona, normalmente sobre la base de tiempo parcial.

**asistencia residencial** (*residential care*) Tipo de asistencia sanitaria o médica que tiene por objeto proporcionar una prestación a personas de edad avanzada que viven en una comunidad de jubilados; se hace cargo de todas las necesidades de tiempo completo, tanto sociales como médicas.

**asociación de garantía** (*guaranty association*) Establecida en cada estado para apoyar a las aseguradoras y para proteger al consumidor en caso de insolvencia de la aseguradora. Las asociaciones de garantía son financiadas por las aseguradoras por medio de aportaciones adicionales.

**Asociación Nacional de Aseguradoras de Enfermedad; ANAE** (*National Association of Health Underwriters; NAHU*) La NAHU es una organización estadunidense de agentes de seguros de enfermedad, dedicada a apoyar al sector de seguros de este tipo y a fomentar la calidad en el servicio que brindan los profesionales de seguros.

**Asociación Nacional de Aseguradoras de Vida; ANAV** (*National Association of Life Underwriters; NALU*) La NALU es una organización estadunidense de agentes de seguros de enfermedad, dedicada a apoyar al sector de seguros de vida y a fomentar la calidad en el servicio que brindan los profesionales de seguros.

**Asociación Nacional de Comisionados de Seguros; ANCS** (*National Association of Insurance Commisioners; NAIC*) Asociación estadunidense de comisionados estatales de seguros, activa en lo que se refiere a la resolución de problemas regulatorios de seguros y la conformación y recomendación de legislación y requisitos modelo.

**atención diurna a adultos** (*adult day care*) Tipo de atención (generalmente de custodia) destinada a personas que requieren ayuda para diversas actividades de la vida diaria, en tanto sus cuidadores primarios están ausentes. Se ofrece en centros asistenciales.

**autoaseguramiento** (*self-insurance*) Programa para proporcionar un seguro financiado por completo con los medios del tenedor de la póliza, en vez de adquirir cobertura de aseguradoras comerciales. (*Véase* seguro mutualista)

**autoridad** (*authority*) Acciones y diligencias que un agente está autorizado a llevar a cabo a nombre de una compañía de seguros, según se especifica en el contrato del agente. (*Véase* facultades)

**autoridad aparente** (*apparent authority*) Autoridad que un agente parece tener, con base en las acciones, dichos o hechos del principal (la aseguradora) o en virtud de circunstancias creadas por el principal (la aseguradora).

**autoridad expresa** (*express authority*) Autoridad específica que se confiere por escrito al agente en el contrato de agencia. (*Véase* facultades expresas)

**autoridad implícita** (*implied authority*) Autoridad no concedida específicamente al agente en el contrato de agencia, pero que el sentido común indica que la tiene. Permite al agente descargar

responsabilidades
rutinarias.

**autorización** (*precertification*)
(*Véase* precertificación;
administración de costos
médicos; administración de
casos; segunda opinión
obligatoria; cirugía
ambulatoria)

**aviso de siniestro** (*claim notice*)
Deber del asegurado de dar
aviso del siniestro a la
compañía aseguradora en
la forma más oportuna
posible, para evitar la
agravación del mismo.

# B

**bajo seguro** (*underinsurance*) (*Véase* infraseguro)

**base de impuestos** (*tax base*) Costo capitalizado menos la depreciación que se considera para fines del impuesto federal al ingreso. La depreciación se computa de una manera prescrita sobre la vida asignada o asignable para fines de impuestos. Puede ser o no la misma que la base de libros.

**base de la reserva** (*reserve basis*) Se refiere a la tabla de mortalidad y a la tasa de interés supuesta que se utilizan para calcular las tarifas.

**base salarial gravable** (*taxable wage base*) Monto máximo de las ganancias sobre las cuales se deben pagar impuestos FICA.

**beneficiario** (*beneficiary*) Persona a la que son pagaderas las indemnizaciones de una póliza de seguro de vida o de accidentes cuando el asegurado muere. Los diversos tipos de beneficiarios son: beneficiarios primarios (los primeros que tienen derecho a recibir indemnizaciones), beneficiarios secundarios (los que tienen derecho a recibir indemnizaciones si ningún beneficiario primario está vivo cuando el asegurado muere), y beneficiarios terciarios (los que tienen derecho a recibir indemnizaciones si ningún beneficiario primario o secundario está vivo cuando el asegurado muere). (*Véase* rentista)

**beneficiario contingente** (*contingent beneficiary*) Persona o personas designadas para recibir productos de la póliza en caso de que el beneficiario original haya fallecido. También se le conoce como beneficiario secundario o terciario.

**beneficiario irrevocable** (*irrevocable beneficiary*) Beneficiario cuyo interés no puede ser revocado sin su consentimiento por escrito, generalmente porque el tenedor de la póliza ha hecho la designación de beneficiarios sin conservar el derecho a revocarla o modificarla.

**beneficiario preferente** (*absolute assignment*) (*Véase* cesión absoluta; cesión colateral; cesión)

**beneficiario primario** (*primary beneficiary*) En los seguros de vida, el beneficiario designado por el asegurado como el primero que recibirá los beneficios de la póliza. (*Véase* beneficiario principal)

**beneficiario principal** (*primary beneficiary*) (*Véase* beneficiario primario)

**beneficiario revocable** (*revocable beneficiary*) Beneficiario cuyos derechos en una póliza están sujetos al derecho reservado del tenedor de la póliza de revocar o cambiar la designación de beneficiarios y al derecho de rescatar o de obtener un préstamo sobre la póliza sin el consentimiento del beneficiario.

**beneficiario secundario** (*secondary beneficiary*) Beneficiario alternativo designado para recibir el pago de un seguro, normalmente en caso de que el beneficiario original fallezca antes que el asegurado. (*Véase* beneficiario sucesor)

**beneficiario sucesor** (*successor beneficiary*) (*Véase* beneficiario secundario)

**beneficiario terciario** (*tertiary beneficiary*) En los seguros de vida, beneficiario designado como tercero en la fila para recibir el producto o los beneficios en caso de que los beneficiarios primarios o secundarios no sobrevivan al asegurado.

**beneficiarios** (*beneficiaries*) Personas designadas por el asegurado para recibir la suma asegurada en caso de siniestro. Al registrarlas deberá proporcionar el nombre completo de cada una, el parentesco que los une y el porcentaje de la suma que le asigna. Si se trata de un acreedor, debe delimitar también el interés asegurable a pagar.

**beneficiarios por partes iguales** (*per stirpes rule*) (*Véase* regla per stirpes)

**beneficio** (*benefit*) Puede ser dinero o un derecho del tenedor de la póliza al darse las condiciones establecidas en la misma.

**beneficio de invalidez residual** (*residual disability benefit*) Pago de ingresos por invalidez con base en la proporción de ingresos que el asegurado ha perdido efectivamente, tomando en cuenta el hecho de que está en posibilidad de obtener ciertos ingresos.

**beneficio de rehabilitación** (*rehabilitation benefit*) Se ofrece como prestación opcional de una póliza de ingresos por invalidez; su propósito es cubrir el costo de la recapacitación necesaria para reincorporarse a la fuerza de trabajo luego de un periodo de invalidez.

**beneficio no asignado** (*unallocated benefit*)

Cláusula de reembolso, normalmente por gastos médicos y hospitalarios diversos, que no especifica cuánto se pagará por cada tipo de tratamiento, examen, vendaje, etc., sino que sólo establece un máximo que se pagará por todos los tratamientos de este tipo.

**beneficio por presunta invalidez** (*presumptive disability benefit*) Beneficio de las pólizas de ingresos por invalidez que estipula que si un asegurado experimenta una invalidez específica, como ceguera, por ejemplo, se supone que el mismo está incapacitado por completo y tiene derecho al monto total pagadero conforme a la póliza, ya sea que pueda trabajar o no.

**beneficios de hospital** (*hospital benefits*) Pagaderos por cargos en los que incurrió el asegurado mientras se encontraba recluido o sujeto a tratamiento en un hospital, conforme a lo definido en una póliza de seguro de enfermedad. (*Véase* gastos de hospital)

**Best's Insurance Report** Guía, publicada por A. M. Best, Inc., que califica la integridad financiera y los puntos fuertes administrativos y operativos de las aseguradoras.

**Blue Cross** Organización independiente y no lucrativa que proporciona protección a sus miembros contra los costos de cuidados hospitalarios en una zona geográfica limitada. El pago de los beneficios se hace directamente al hospital; los beneficios varían en las distintas organizaciones Blue Cross.

**Blue Shield** Organización independiente y no lucrativa que proporciona protección a sus miembros contra los costos de intervenciones quirúrgicas y otros cuidados médicos en una zona geográfica limitada. El pago de los beneficios se hace directamente a la compañía.

# C

**cálculo de valor presente** (*present value*) Valor que se asigna a los bienes en el momento de emitir la póliza.

**calificación** (*rating*) La elaboración de seguros también crea la clasificación de prima que se asigna a un solicitante por un seguro de vida o de enfermedad.

**calificación de la experiencia** (*experience rating*) Revisión de la experiencia de reclamaciones del año anterior con un contrato de seguro de grupo, con el fin de establecer las primas para el próximo periodo. (*Véase* experiencia del grupo asegurado)

**cambio de plan** (*replacement*) (*Véase* reemplazo; tergiversación; conmutación)

**cancelación** (*lapse*) Terminación de una póliza por falta de pago de la prima por parte del tenedor de la póliza dentro del periodo de gracia.

**carencia de licencia de conducir definitiva** (*driving without a license*) Si el conductor del vehículo carece de licencia de conducir definitiva en el momento del siniestro, habrá motivo legal suficiente para que la aseguradora no cubra la suma asegurada.

**cargo fijo** (*temporary flat extra premium*) (*Véase* prima adicional fija temporal)

**cargo razonable y acostumbrado** (*reasonable and customary charge*) Cargo por un servicio de asistencia médica congruente con la tarifa que se cobra en un área geográfica determinada por un servicio idéntico o similar. (*Véase* gasto usual acostumbrado; GUA)

**catálogo** (*schedule*) Lista de cantidades específicas

pagaderas, por lo regular para operaciones quirúrgicas, pérdida de miembros, fracturas, etcétera. (*Véase* tabla de honorarios quirúrgicos; catálogo quirúrgico; escala de valores relativos)

**catálogo quirúrgico** (*surgical schedule*) Lista de prestaciones en efectivo pagaderas por diversos tipos de cirugía, en la que los montos máximos pagaderos respectivos se basan en la gravedad de las operaciones; el máximo que suele estipularse cubre todos los honorarios profesionales correspondientes; por ejemplo, los del cirujano, el anestesiólogo, etcétera. (*Véase* catálogo; tabla de honorarios quirúrgicos; escala de valores relativos)

**cedente** (*assignor*) (*Véase* cesor)

**cédula** (*license*) Documento de autorización expedido a los agentes acreditados para fungir como intermediarios en operaciones de seguros.

**cédula de agente de seguros** (*license*) (*Véase* licencia)

**centro de asistencia urgente** (*urgent care center*)

Establecimiento de asistencia médica que permite a los pacientes ver a un médico sin cita previa y en cualquier momento; funge como alternativa de la sala de emergencias de un hospital.

**certificado abierto** (*open certificate*) Las tarifas y las cláusulas de la póliza se pueden modificar. Las sociedades de beneficios fraternales están obligadas por ley a emitir este tipo de certificado. También se le llama póliza abierta.

**cesión** (*assignment*) Transferencia firmada de los beneficios de una póliza, de un asegurado a un tercero. La compañía no garantiza la validez de una cesión. (*Véase* cesión absoluta; beneficiario preferente; cesión colateral)

**cesión absoluta** (*absolute assignment*) Cesión de una póliza bajo la cual el cesionario (la persona a la que se cede la póliza) recibe control pleno sobre la póliza y también plenos derechos a sus beneficios. Por lo general, cuando se cede una póliza para garantizar una deuda, el propietario conserva todos los derechos de la póliza en exceso del adeudo, aunque la cesión sea formalmente absoluta. (*Véase* cesión; beneficiario preferente; cesión colateral)

**cesión colateral** (*collateral assignment*) Cesión de una póliza a un acreedor como garantía de un adeudo. El acreedor tiene derecho a que se le reembolse el monto del adeudo con el producto de la póliza. El beneficiario tiene derecho a cualquier excedente del producto de la póliza respecto al monto que se adeuda al acreedor en caso de fallecimiento del asegurado. (*Véase* cesión; cesión absoluta; beneficiario preferente)

**cesionario** (*assignee*) Persona (puede ser una compañía, una sociedad u otra organización) a la cual se transfiere un derecho o derechos amparados por una póliza por medio de una cesión.

**cesor** (*assignor*) Persona (puede ser una compañía, una sociedad u otra organización o entidad) que transfiere un derecho o derechos amparados por una póliza de seguros a un tercero por medio de una cesión. (*Véase* cedente)

**ciclón, huracán y granizo** (*cyclone, hurricane and hail*) Fenómenos meteorológicos que pueden incluirse en las pólizas de daños.

**cirugía ambulatoria** (*ambulatory surgery*) Cirugía que se practica a pacientes externos. (*Véase* administración de casos; administración de costos médicos; segunda opinión obligatoria; precertificación; autorización)

**clase especial** (*special class*) Solicitantes que no reúnen los requisitos para un seguro normal, pero pueden obtener pólizas con cláusulas adicionales por las que renuncian al pago por pérdidas relacionadas con ciertos problemas de salud ya existentes. (*Véase* seguro de riesgos subnormales; riesgo de nivel inferior; riesgo subnormal; riesgos subnormales)

**clasificación** (*classification*) Categoría ocupacional de un riesgo.

**cláusula adicional** (*rider*) Estrictamente, una cláusula adicional agrega algo a una póliza. Sin embargo, este término se utiliza sin mucho rigor para referirse a cualquier convenio complementario anexo a la póliza y que se convierte en parte de la misma, ya sea que las condiciones de la póliza se expandan y se agreguen coberturas adicionales, o que se renuncie a una cobertura o a ciertas condiciones.

**cláusula adicional de beneficio por muerte accidental** (*accidental death benefit rider*) Cláusula adicional de una póliza de seguro de vida que estipula el pago de un beneficio complementario relacionado con el monto nominal de la póliza base cuando la muerte ocurre por causas accidentales. (*Véase* doble indemnización por accidente)

**cláusula adicional de beneficios acelerados** (*accelerated benefits rider*) Cláusula adicional de un seguro de vida que permite el pago anticipado de cierta porción del monto nominal de la póliza en caso de que el asegurado sufra una enfermedad o lesión terminal. (*Véase* cobertura de enfermedades graves)

**cláusula adicional de costo de vida** (*cost of living [COL] rider*) Cláusula adicional disponible en ciertas pólizas y que estipula un incremento automático de los beneficios (normalmente ligado al Índice de Precios al Consumidor) que compensa los efectos de la inflación. (*Véase* cláusula de inflación; seguro creciente con periodo de vigencia; seguro ajustable)

**cláusula adicional de exclusión** (*exclusion rider*) Cláusula adicional de una póliza de seguro de enfermedad por la que se renuncia a la responsabilidad de la aseguradora respecto a toda reclamación futura sobre una afección preexistente.

**cláusula adicional de ingresos por invalidez** (*disability income rider*) Cláusula adicional típica de las pólizas de seguro de vida que proporciona beneficios en forma de ingresos en caso de invalidez total del asegurado.

**cláusula adicional de otros asegurados** (*other insureds rider*) Cláusula adicional de periodo de vigencia, que cubre a un miembro de la familia distinto del asegurado y que se anexa a la póliza básica que cubre al asegurado.

**cláusula adicional de pagador** (*payor rider*) Disponible en ciertas pólizas de seguro de vida juvenil mediante el pago de una prima adicional. Estipula la exención del pago de futuras primas si la persona responsable de pagarlas fallece o queda inválida antes de que la póliza quede pagada por completo o de que venza como reclamación por fallecimiento, o como dote, o de que el menor alcance una edad específica.

**cláusula adicional de renta** (*annuity*) (*Véase* seguro de renta)

**cláusula de aseguramiento** (*insuring clause*) Define y describe el alcance de la cobertura que se proporciona y los límites de indemnización. (*Véase* clausulado; descripción de la cobertura; disposiciones de póliza)

**cláusula de aviso de reclamaciones** (*notice of claims provision*) Cláusula de una póliza que describe la obligación del tenedor de la misma de dar aviso de la pérdida al asegurado dentro de un periodo razonable.

**cláusula de causa accidental** (*accidental means provision*) Causa imprevista, inesperada y no intencional de un accidente. Requisito de una póliza de base accidental por el que la causa del percance debe ser accidental para que la reclamación correspondiente sea pagadera.

**cláusula de cesión (contratos de seguro de enfermedad)** (*assignment provision [health contracts]*) Cláusula de las pólizas de enfermedad comerciales que permite que el tenedor de la póliza ceda directamente al proveedor de servicios de salud el pago de beneficios por la aseguradora.

**cláusula de consideración**
(*consideration clause*) Parte de un contrato de seguro que establece el monto de las primas inicial y de renovación, así como la frecuencia de los pagos futuros. (*Véase* proyección actuarial)

**cláusula de contrato completo**
(*entire contract provision*) Cláusula de una póliza de seguro que estipula que la solicitud y la póliza contienen todas las cláusulas y constituyen el contrato completo.

**cláusula de coordinación de beneficios; CDB**
(*coordination of benefits [COB] provision*) Su propósito es impedir la duplicación de los beneficios de un seguro de grupo. Limita los beneficios de múltiples pólizas de seguro de enfermedad de grupo en un caso particular al 100 por ciento de los gastos cubiertos, y designa el orden en el que las diversas aseguradoras pagarán los beneficios. (*Véase* riesgos compartidos)

**cláusula de declaración falsa de edad o sexo**
(*misstatement of age or sex provision*) Si se declara falsamente la edad o sexo del asegurado en una solicitud de seguro, el beneficio pagadero suele ajustarse a lo que las primas pagadas habrían adquirido en función de los datos correctos.

**cláusula de derroche**
(*spendthrift provision*) Estipula que, en la medida permitida por la ley, el producto de la póliza no estará sujeto a reclamaciones de acreedores del beneficiario o del tenedor de la póliza. (*Véase* cláusula de inafectabilidad)

**cláusula de exención de pago de primas por invalidez; EPP** (*waiver of premium*) (*Véase* exención de prima)

**cláusula de exención de primas por invalidez** (*credit accident and health insurance*) (*Véase* seguro de crédito por accidente y enfermedad)

**cláusula de facilidad de pago**
(*facility of payment provision*) Cláusula autorizada conforme a una disposición de póliza de seguro de enfermedad uniforme y que permite que la compañía pague hasta

$1,000 de los beneficios o productos a cualquier pariente que aparentemente tenga derecho a ellos si no hay un beneficiario o si el asegurado o beneficiario es menor de edad o jurídicamente incompetente.

**cláusula de guerra** (*war clause*) Libera a la aseguradora de responsabilidad, o reduce la misma, por pérdidas específicas causadas por un estado de guerra.

**cláusula de inafectabilidad** (*spendthrift provision*) (*Véase* cláusula de derroche)

**cláusula de inflación** (*cost of living [COL] rider*) (*Véase* cláusula adicional de costo de vida; seguro creciente con periodo de vigencia; seguro ajustable)

**cláusula de invalidez retardada** (*delayed disability provision*) Cláusula de las pólizas de ingresos por invalidez que permite que transcurra cierto tiempo después de un accidente para que se produzca una invalidez sin que el asegurado pierda el derecho de recibir los beneficios.

**cláusula de lesiones corporales accidentales** (*accidental bodily injury provision*) Cláusula de una póliza de ingresos por invalidez o accidente que estipula que la lesión debe ser accidental para que los beneficios de la póliza sean pagaderos. (*Véase* renta por incapacidad; disposición de resultados)

**cláusula de no duplicación** (*nonduplication provision*) Estipula que el asegurado no tendrá derecho de cobrar por cargos al amparo de un plan de seguro de enfermedad de grupo si los cargos son reembolsados por su propio plan de grupo o el de su cónyuge.

**cláusula de pérdidas** (*loss clause*) En el ramo de daños, cláusula que estipula que la suma asegurada no se duplica aun en caso de pérdidas durante la vigencia.

**cláusula de préstamo automático de primas** (*automatic premium loan provision*) Cláusula que autoriza a la aseguradora a pagar automáticamente cualquier premio faltante de pago al término del periodo de gracia y a cargar el monto así pagado a la póliza de seguro de vida en calidad de préstamo de póliza.

**cláusula de siniestro común** (*common disaster provision*) En algunos casos se adiciona a una póliza con el fin de proveer un beneficiario alterno en caso de fallecimiento del asegurado y del beneficiario original a consecuencia de un accidente común.

**cláusula de suicidio** (*suicide provision*) La mayoría de las pólizas de seguro de vida estipulan que si el asegurado comete suicidio dentro de un periodo específico, normalmente de dos años contados a partir de la fecha de emisión, la responsabilidad de la compañía se limitará a la devolución de las primas pagadas.

**cláusula de últimos gastos** (*cleanup fund*) (*Véase* fondo de depuración; fondo para gastos finales)

**cláusula no impugnable** (*incontestable clause*) Estipula que por ciertas razones, como

declaraciones falsas en la solicitud, por ejemplo, la compañía puede anular una póliza de seguro de vida cuando ya ha estado en vigor durante la vida del asegurado, normalmente de uno a dos años después de su emisión. (*Véase* disputabilidad)

**clausulado** (*insuring clause*) (*Véase* cláusula de aseguramiento; descripción de la cobertura; disposiciones de póliza)

**CNSF** Siglas de la Comisión Nacional de Seguros y Fianzas, organismo dependiente de la Secretaría de Hacienda y Crédito Público, encargado de regir todo lo relacionado con la industria aseguradora.

**coaseguro** (*coinsurance*) Principio bajo el cual la compañía asegura sólo una parte de la pérdida potencial y el tenedor de la póliza paga la otra parte. Por ejemplo, en una póliza de gastos médicos mayores, la compañía puede acordar el pago del 75 por ciento de los gastos asegurados, y el 25 por ciento restante queda a cargo del asegurado. (*Véase* participación porcentual)

**cobertura complementaria de accidentes** (*supplemental accident coverage*) Se suele incluir como parte de un plan de gastos médicos básicos o mayores de grupo; este tipo de cobertura tiene por objeto solventar los gastos asociados con accidentes en la medida en que no están previstos por otras coberturas.

**cobertura de enfermedades graves** (*accelerated benefits rider*) (*Véase* cláusula adicional de beneficios acelerados)

**cobertura de medicamentos por prescripción médica** (*prescription drug coverage*) Normalmente se ofrece como prestación opcional de los planes de gastos médicos de grupo; cubre la totalidad o parte del costo de los medicamentos prescritos por el médico.

**cobertura provisional** (*binder*) Nota por escrito que obliga temporalmente a una aseguradora a proporcionar un seguro por un monto de un millón de dólares o más; en efecto pone en vigor el seguro antes de que se haya redactado un contrato o de que se haya pagado la prima. Por lo general, una cobertura provisional tiene validez por 90 días. (*Véase* recibo cobertura de vida; nota de cobertura)

**cobertura provisional** (*temporary coverage*) Aceptación del riesgo propuesto mediante un documento oficial de carácter provisional. Está sujeta a la obtención de mayor información para una correcta evaluación del riesgo y la expedición de la póliza definitiva.

**COBRA** "Consolidated Omnibus Budget Reconciliation Act of 1985" (Ley Ómnibus de Conciliación Consolidada de Presupuestos de 1985) Ley que amplía la cobertura de los seguros de enfermedad de grupo a los empleados despedidos y sus familias hasta por 18 o 36 meses.

**Código de Hammurabi** (*Code of Hammurabi*) Conjunto de leyes creadas por el rey babilonio Hammurabi en el que se establece que por la pérdida de una vida, la ciudad y el gobernador pagarán a los herederos cierta cantidad de monedas de plata, con lo que se maneja por primera vez lo que habría de ser un seguro de vida.

**Código de Publicidad** (*Advertising Code*) Reglas establecidas por la National Association of Insurance Commissioners (NAIC) de Estados Unidos para regular la publicidad referente a seguros.

**código de seguros** (*insurance code*) Leyes que gobiernan el negocio de los seguros en un estado determinado. (*Véase* Ley Sobre el Contrato de Seguros; LSCS)

**colisiones** (*collision*) Cubre la integridad física del vehículo en choques, en golpes ocasionados por el propio conductor o por terceros, así como también los daños ocasionados al mismo, aunque no se encuentre en movimiento.

**comisionado** (*commissioner*) Jefe del departamento de seguros de un estado; funcionario encargado de supervisar el negocio de los seguros y de administrar las leyes respectivas en un estado. En algunos estados se le llama superintendente y en otros, director.

**compañía autorizada** (*authorized company*) Compañía debidamente autorizada por el departamento de seguros para operar en un estado determinado.

**compañía cerrada** (*close corporation*) Compañía propiedad de un grupo pequeño de accionistas, cada uno de los cuales generalmente tiene voz en la operación del negocio.

**compañía combinada** (*combination company*) Compañía cuyos agentes venden seguros tanto de vida con prima semanal como seguros de enfermedad y de vida ordinarios.

**compañía extranjera** (*alien insurer*) (*Véase* aseguradora foránea)

**comparativo de primas** (*traditional net cost method*) (*Véase* método tradicional de costo neto)

**compensación al trabajador** (*workers' compensation*) Prestaciones que se pagan en Estados Unidos y otros países al trabajador por lesión, invalidez o enfermedad contraída en el curso de su relación laboral. La ley fija las prestaciones y las condiciones, aunque en la mayoría de los estados el seguro que proporciona las prestaciones se puede adquirir de compañías aseguradoras normales. Unos cuantos estados tienen fondos estatales de compensación monopólicos.

**competencia** (*competence*) Facultad para dirimir y, en caso necesario, dictaminar sanciones o fallos en materia de seguros de la Comisión Nacional de Seguros y Fianzas. En desacuerdos se acudirá a las autoridades competentes.

**composición de la prima** (*premium computation*) Se determina por la suma del costo de mortalidad, gastos de administración, de adquisición y reservas, además de la inversión inicial de capital que exige la ley para garantizar sus operaciones.

**confiscación** (*confiscation*) Riesgo no aceptable por tratarse de aspectos fiscales con intervención del gobierno.

**conmutación** (*twisting*) Práctica de inducir al tenedor de una póliza de seguro de vida con una compañía a cancelar, perder o rescatar dicha póliza con el fin de tomar una póliza con otra compañía. Generalmente se clasifica como delito menor sujeto a multa, revocación de licencia y, en ciertos casos, a prisión. (*Véase* tergiversación; reemplazo; cambio de plan)

**conservación** (*conservation*) Actividades relacionadas con el acto de asumir el control y manejar los asuntos de una aseguradora en dificultades financieras; también, los esfuerzos relacionados con el mantenimiento en vigor de las pólizas de seguros y la reintegración de pólizas canceladas. (*Véase* intervención)

**consideración** (*consideration*) Elemento de un contrato vinculante; aceptación por parte de la compañía de la prima y de las declaraciones hechas por el futuro asegurado en la solicitud. (*Véase* evaluación)

**consolidación** (*funding*) En un plan para el retiro, la segregación de fondos para el pago de beneficios.(*Véase* aportaciones adicionales)

**contingencia** (*peril*) Acontecimiento específico inmediato que causa una pérdida y da origen a un riesgo. (*Véase* siniestro)

**contratante** (*third-party applicant*) (*Véase* tercero solicitante)

**contrato** (*contract*) Convenio que se puede hacer cumplir por ley, conforme al cual una de las partes se obliga a cumplir ciertas promesas o a realizar ciertas obras.

**contrato anulable** (*voidable contract*) Contrato que se puede anular a elección de una o más de las partes del convenio.

**contrato cancelable** (*cancelable contract*) Contrato de seguro de enfermedad al que la compañía puede poner fin o que es renovable a opción de la misma.

**contrato condicional** (*conditional contract*) Característica de un contrato de seguro que consiste en que el pago de los beneficios depende de (o es una condición para) que acontezca el riesgo contra el que se está asegurado.

**contrato condicionalmente renovable** (*conditionally renewable contract*) Póliza de seguro de enfermedad que estipula que el asegurado puede renovar el contrato de un periodo al siguiente, o continuarlo hasta una fecha definida o una edad avanzada, sujeto al derecho de la aseguradora de rehusar la renovación únicamente en las condiciones definidas en el contrato.

**contrato de agencia** (*contract of agency*) Documento jurídico que contiene los términos del contrato entre el agente y la compañía, suscrito por ambas partes. También se le llama convenio de agencia.

**contrato dotal modificado; CDM** (*modified endowment contract; MEC*) Póliza de seguro de vida en la cual la cantidad que el tenedor de la póliza paga durante los primeros años supera la suma de la prima neta uniforme que habría sido pagadera con el fin de proporcionar beneficios futuros pagados al cabo de 7 años.

**contrato nulo** (*void contract*) Convenio sin efectos jurídicos; contrato no válido.

**contrato opcionalmente renovable** (*optionally renewable contract*) Póliza de seguro de enfermedad en la cual la aseguradora se reserva el derecho de dar por terminada la cobertura en cualquier aniversario o, en ciertos casos, en cualquier fecha de vencimiento de una prima, pero no tiene el derecho de dar por terminada la cobertura en fechas intermedias.

**contrato renovable garantizado** (*guaranteed renewable contract*) Contrato de seguro de enfermedad en el que el asegurado tiene derecho de que continúe en vigor mediante el pago de primas por un periodo considerable. Durante el mismo la aseguradora no tiene derecho de hacer unilateralmente cualquier cambio en cualquier disposición, excepto cambios a la tasa de las primas para diferentes clases de asegurados.

**contrato renovable no cancelable y garantizado** (*noncancelable and guaranteed renewable contract*) Contrato de seguro de enfermedad que el asegurado tiene derecho a mantener en vigor mediante el pago de primas establecidas en el contrato por un periodo considerable, durante el cual la aseguradora no tiene derecho a hacer unilateralmente cambio alguno en las cláusulas del contrato.

**contrato valuado** (*valued contract*) Contrato de seguro que paga una cantidad establecida en caso de ocurrir una pérdida.

**convenio de compraventa** (*buy-sell agreement*) Convenio respecto a que la participación disminuida de un propietario de un negocio será vendida y comprada a un precio predeterminado con arreglo a una fórmula predeterminada.

**convenio de compraventa por invalidez** (*disability buy-sell agreement*) Convenio que se establece entre los copropietarios de una empresa y que estipula que las acciones propiedad de cualquiera de ellos que quede inválido serán vendidas a, y adquiridas por los demás copropietarios o por la empresa con fondos provenientes de un seguro de ingresos por invalidez.

**convenio de seguro temporal** (*temporary insurance agreement*) (*Véase* recibo vinculante)

**convertible con periodo de vigencia** (*convertible term*) Contrato que se puede convertir en una forma permanente de seguro sin examen médico.

**corredor** (*broker*) Representante de seguros autorizado que no representa a una compañía, sino que coloca negocios en diversas compañías. Desde el punto de vista legal, por lo general el corredor se considera representante del asegurado y no de la compañía.

**corredor de líneas de superávit** (*surplus lines broker*) Persona autorizada para colocar coberturas no disponibles en su estado (o no disponibles en cantidad suficiente) a través de aseguradoras no autorizadas o no admitidas para realizar actividades en el estado en el que el corredor opera.

**corredor de seguros** (*agency*) (*Véase* agencia; sistema de agencia independiente)

**costo de fianzas y cauciones** (*cost of bonds and collateral*) Pagos que cubre la aseguradora, los cuales están previstos en caso de un siniestro.

**costo de reposición** (*replacement cost*) Costo de reponer la propiedad en cuestión, con una unidad nueva y de capacidad equivalente, considerando los materiales, la tecnología y los conceptos de diseño modernos. En la mayoría de los casos, es muy diferente del costo de reproducción, y puede ser mayor o menor que éste.

**costo de reproducción**
(*reproduction cost*) Cantidad que costaría hoy reproducir un bien específico totalmente nuevo, con base en un análisis de los precios corrientes de mercado de materiales, mano de obra, gastos generales del contratista, utilidad y honorarios; supone reponer la propiedad completa y de la misma clase. (*Véase* valor real constante)

**costo de reproducción depreciado** (*depreciated reproduction cost*) Costo de reproducción al que se le resta una asignación por depreciación acumulada, la cual se establecerá de acuerdo con el estado y el deterioro físico de la propiedad, su edad, su utilidad y su vida útil restante, así como su obsolescencia funcional y económica. También se considera que las instalaciones continuarán en uso en su ubicación actual y para los fines diseñados.

**costo original** (*original cost*) Costo inicial capitalizado del artículo en manos de su propietario actual, con fines contables para pago de impuestos. Por lo regular incluye el precio de compra de un artículo, pero puede comprender o no renglones como impuestos de venta, fletes, acarreo y mano de obra de instalación.

**cualquier ocupación** (*any occupation*) Definición de invalidez total que estipula que, para que los beneficios de ingresos por invalidez sean pagaderos, el asegurado debe ser incapaz de realizar cualquier trabajo para el que sea "razonablemente idóneo en virtud de su educación, capacitación o experiencia".

**cuenta individual para el retiro; CIR** (*individual retirement account; IRA*) Cuenta personal calificada para el retiro por medio de la cual las personas que cumplen los requisitos acumulan ingresos con impuestos diferidos hasta una cierta cantidad cada año, según el nivel de pago de impuestos individual.

**cuenta individual para el retiro con refinanciamiento** (*rollover IRA*) Cuenta individual para el retiro establecida con fondos transferidos de otra cuenta del mismo tipo o de un plan para el retiro calificado que el propietario canceló.

**cuenta individual para el retiro del cónyuge** (*spousal IRA*) Cuenta individual para el retiro que las personas que reúnen los requisitos para abrir este tipo de cuentas para sí mismas abren de forma mancomunada con un cónyuge que no trabaja.

**cuestionario de agente** (*agent's report*) (*Véase* informe de agente)

**cuestionario médico** (*evidence of insurability*) (*Véase* prueba de asegurabilidad)

**cuestionarios especiales** (*special questionnaires*) Formas que se utilizan cuando, para fines de aseguramiento, la aseguradora necesita información más detallada de un solicitante respecto a uso de la aviación o profesión, residencia en el extranjero, finanzas, servicio militar u ocupación. (*Véase* cuestionarios específicos)

**cuestionarios específicos** (*special questionnaires*) (*Véase* cuestionarios especiales)

**cuidado tutelar** (*custodial care*) Nivel de cuidados de salud o médicos que se proporcionan para cubrir las necesidades personales diarias, como vestirse, bañarse, bajar de la cama, etc. Aunque no requiere capacitación médica, se debe administrar bajo las órdenes de un médico.

**cuidados de enfermería profesionales** (*skilled nursing care*) Cuidados diarios de enfermería ordenados por un médico y que en muchos casos son necesarios desde el punto de vista médico. Sólo pueden ser proporcionados por, o bajo la supervisión de, profesionales médicos capacitados y están disponibles las 24 horas del día.

**curaciones** (*minor injuries*) (*Véase* lesiones menores)

# D

**daños a bienes bajo custodia o responsabilidad** (*damage to goods under custody or responsibiity*) Riesgos no posibles de cubrir que se refieren a bienes que se encuentran bajo custodia o responsabilidad del asegurado.

**daños a terceros dependientes civiles del asegurado** (*liability to dependents of the insured*) Riesgos no posibles de cubrir que se refieren a terceros dependientes en lo civil del asegurado, sean sus familiares o no.

**daños a terceros en sus bienes** (*property damage liability insurance*) Cubre el eventual daño a terceros en sus bienes hasta por ciertas cantidades pactadas. La indemnización depende de la culpabilidad demostrada por el vehículo asegurado y hasta por los montos reales de pago.

**daños a terceros en sus personas** (*personal liability insurance*) Cubre el riesgo de daño a la integridad física, incluyendo la muerte de terceros, provocado por el uso de la unidad asegurada, hasta por los montos reales de pago delimitados por la culpablilidad del asegurado.

**daños a vías públicas** (*highway and road damage*) Riesgos posibles de cubrir referentes a los caminos y equipamientos en general, propiedad del gobierno local o federal, o que se encuentran a su cargo.

**declaración** (*representation*) (*Véase* manifestación; garantías)

**deducible** (*deductible*) Monto del gasto o pérdida que debe ser pagado por el asegurado para que una póliza de seguro de enfermedad comience a pagar beneficios.

**deducible de pasillo** (*corridor deductible*) En los planes de gastos médicos mayores superpuestos, un monto deducible entre los beneficios que paga el plan básico y el inicio de los beneficios de gastos médicos mayores.

**deducible fijo** (*flat deductible*) Monto de los gastos cubiertos pagadero por el asegurado como requisito previo para el pago de beneficios médicos.

**deducible integrado** (*integrated deductible*) En los planes de gastos médicos mayores superpuestos, cantidad deducible entre los beneficios que paga el plan básico y los que paga el de gastos médicos mayores. El plan básico puede absorber la totalidad o parte del deducible integrado.

**demora** (*detainment*) La no presencia de un bien determinado, en un lugar determinado y en un tiempo determinado, lo cual ocasiona quebrantos al asegurado.

**dependientes económicos** (*economic dependents*) Familiares o personas bajo la responsabilidad del asegurado, que dependen de él económicamente y que forman parte de los miembros asegurados de la póliza.

**depósito con periodo de vigencia** (*deposit term*) Seguro con característica dotal modesta. Por lo general se vende para periodos de vigencia de 10 años. Si la póliza se cancela, el asegurado pierde su "depósito" y no recibe reembolso alguno.

**derecho de voto** (*voting right*) En seguros de barcos, cuando existe siniestro a resarcir, si el costo del daño es determinable, la compañía aseguradora puede pedir o requerir distintos presupuestos.

**derrumbe de tierras o piedras** (*landslide*) Riesgo posible de cubrir referente al derrumbe accidental violento de tierras o piedras que ocasione algún tipo de daño.

**derrumbe o caída de construcciones, edificaciones, estructuras y/u objetos similares** (*collapse of constructions, buildings, and/or similar objects*) Riesgos posibles de cubrir en el ramo de daños.

**desavenencia** (*disagreement*) En caso de desacuerdos respecto a la indemnización por siniestro, se procederá a realizar un peritaje para establecer el pago correcto.

**descripción de la cobertura** (*outline of coverage*) Material informativo acerca de un plan o de una póliza de seguro específica que describe las características y beneficios de la misma; en muchos estados es obligatorio proporcionar al consumidor una descripción de la cobertura cuando se consideran ciertos tipos de coberturas. (*Véase* clausulado; cláusula de aseguramiento; disposiciones de póliza)

**descuento** (*rebating*) Devolución de parte de la comisión o entrega de alguna otra cosa de valor al asegurado como incentivo para comprar la póliza. Esta práctica es ilegal y es motivo de revocación de la licencia en casi todos los estados de Estados Unidos. En ciertos estados constituye una falta tanto por parte del agente como de la persona que recibe el reembolso.

**designación de clase** (*class designation*) Cierta designación de beneficiarios. En vez de especificar uno o más beneficiarios por su nombre, el tenedor de la póliza designa una clase o grupo de beneficiarios, por ejemplo, "mis hijos".

**discriminación** (*discrimination*) En el campo de los seguros, el acto de tratar injustamente a ciertos grupos de personas en la venta o fijación de precios de pólizas; el tratamiento de cualquier riesgo de una clase determinada de manera diferente que otros riesgos similares. La discriminación está prohibida expresamente en casi todos los códigos estatales de seguros.

**disminución** (*reduction*) El asegurado podrá solicitar en cualquier momento la reducción de los límites de responsabilidades y sumas aseguradas en su contrato.

**disminución de tarifas aprobadas** (*reduction of approved fees*) Si disminuyen las tarifas aprobadas durante la vigencia del seguro, la compañía bonificará la diferencia del pago de primas correspondiente.

**disposición de invalidez recurrente** (*recurrent disability provision*) Disposición de las pólizas de ingresos por invalidez que especifica el periodo durante el cual la recurrencia de una invalidez se considera como continuación de una invalidez anterior.

**disposición de pérdida limitada** (*stop-loss provision*) Tiene por objeto limitar la pérdida de la compañía en un cierto punto, en forma de un agregado pagadero al amparo de una póliza, un máximo pagadero por una invalidez cualquiera o cosas similares; también se aplica a las personas, en cuyo caso se impone un límite a los gastos máximos que el asegurado debe realizar de su propio bolsillo por concepto de asistencia médica, después de los cuales la póliza de enfermedad cubre todos los gastos. (*Véase* sumas máximas por evento)

**disposición de primas** (*misuse of premium*) (*Véase* uso indebido de prima)

**disposición de resultados** (*results provision*) (*Véase* cláusula de lesiones corporales accidentales; renta por incapacidad)

**disposiciones de póliza** (*policy provisions*) Los términos o condiciones de una póliza de seguro contenidos en las cláusulas de la misma. (*Véase* clausulado; cláusula de aseguramiento; descripción de la cobertura)

**disposiciones normales** (*standard provisions*) Precursoras de las Disposiciones de Póliza Uniformes de las pólizas de seguro de enfermedad actuales.

**disputabilidad** (*incontestable clause*) (*Véase* cláusula no impugnable)

**dividendo** (*dividend*) Participación del tenedor de la póliza en el superávit divisible de una compañía que emite seguros en el plan participativo.

**dividendos en inversión** (*interest only option*) (*Véase* opción de sólo intereses)

**dividendos estimados** (*excess interest*) (*Véase* intereses en exceso)

**doble deducible** (*double deductible*) Cláusula de la póliza de seguros de automóviles que especifica que en caso de siniestro que amerite indemnización, si el vehículo es conducido por una persona menor de 21 años, el deducible estipulado se duplicará.

**doble indemnización** (*double indemnity*) Cláusula de la póliza del seguro de vida que indica que el pago por muerte accidental será del doble de la suma asegurada pactada.

**doble indemnización por accidente** (*accidental death benefit rider*) (*Véase* cláusula adicional de beneficio por muerte accidental)

**dolo** (*willful misrepresentation*) Engaño o mala intención del asegurado al contratar un seguro, que puede causar, en caso de siniestro, el rechazo al pago del mismo.

**dotal** (*endowment*) Contrato que estipula el pago del monto nominal al cabo de un periodo fijo, a una edad específica del asegurado o a su fallecimiento, en caso de que ocurra antes del término del periodo señalado.

**dotal puro** (*pure endowment*) Contrato que estipula un pago condicionado a la supervivencia de cierta persona en una fecha determinada y no en caso de fallecimiento previo de esa persona. Este tipo de contrato es opuesto a un contrato con periodo de vigencia, el cual estipula un pago sólo en caso de qu la persona fallezca dentro del periodo de vigencia especificado.

# E

**edad** (*age*) La edad para efectos de cálculo será la más cercana a la fecha de nacimiento en el momento de la emisión de la póliza.

**edad alcanzada** (*attained age*) Con referencia a un asegurado, la edad actual del seguro.

**embarques bajo cubierta** (*sheltered shipment*) Seguro que cubre solamente los bienes estimados bajo la cubierta principal del buque.

**emergencia en el extranjero** (*emergency abroad*) Cobertura incluida en la póliza de gastos médicos que en forma general se aplica a emergencias y riesgos fuera del territorio nacional. Su forma más común de operar es contra reembolso.

**emisión garantizada** (*guaranteed issue*) (*Véase* asegurabilidad garantizada)

**endoso** (*riders*) Agregado de cláusulas, condiciones o modificaciones a las pólizas básicas.

**endoso de asalto** (*assault rider*) Agregado a las condiciones originales de la póliza que se hace con el fin de cubrir las pérdidas o daños causados a los bienes asegurados por robo, asalto o intento de robo.

**enfermedad** (*illness*) Pérdida de la salud que amerita tratamiento médico o pago de alguna cobertura de incapacidad.

**enfermedad aguda** (*acute illness*) Afección grave, como la neumonía, por ejemplo, de la cual el organismo se puede recuperar sólo si se le brinda la atención médica adecuada.

**enfermedad preexistente** (*preexisting condition*) (*Véase* afección preexistente)

**enfoque de indemnización**
(*indemnity approach*)
Método de pago de los
beneficios de una póliza de
enfermedad al asegurado
con base en una tasa fija
predeterminada para los
servicios médicos
brindados,
independientemente de los
gastos reales en que haya
incurrido.

**enfoque de necesidades** (*needs
approach*) Método para
determinar cuánta
protección de seguros debe
tener una persona mediante
el análisis de las
necesidades y objetivos de
una familia o empresa en
caso de fallecimiento,
invalidez o jubilación del
asegurado.

**enfoque de reembolso**
(*reimbursement approach*)
Pago de beneficios de una
póliza de enfermedad al
asegurado con base en los
gastos médicos reales
efectuados.

**entierro** (*burial*) Sus gastos se
cubrirán según la suma
asegurada pactada.

**equipo especial** (*special
equipment*) De ser necesario,
la póliza puede amparar,
mediante cobertura
adicional, el equipo
especial que hubiese
instalado el propietario del
vehículo asegurado.

**escala de valores relativos**
(*relative value scale*) Método
para determinar los
beneficios pagaderos bajo
una póliza de gastos
quirúrgicos básicos. Se
asignan puntos a cada
procedimiento quirúrgico y
se utiliza una cantidad en
dinero por punto, o factor
de conversión, para
determinar el beneficio.
(*Véase* catálogo; catálogo
quirúrgico; tabla de
honorarios quirúrgicos)

**estatura y peso** (*height and
weight*) La estatura debe
medirse con los zapatos
puestos y el peso con la
ropa también puesta.

**evaluación** (*consideration*)
(*Véase* consideración)

**eventualidad actualizada** (*loss
event*) Siniestro ocurrido
que debe ser cubierto.

**eventualidad cubierta** (*covered
loss*) Riesgo verificable
previsto en el contrato.

**examen médico** (*medical
examination*) Por lo común,

su realización está a cargo de un médico autorizado; el informe médico forma parte de la solicitud, se convierte en parte del contrato de póliza y se anexa a la póliza. Un "no médico" es un informe médico abreviado requisitado por el agente. Diversas reglas de la compañía, por ejemplo, el monto del seguro que se solicita o que ya está en vigor, o la edad, sexo, historial físico y datos del solicitante puestos de manifiesto por el informe de inspección, etc., determinan si el examen será "médico" o "no médico".

**examinador** (*examiner*) Médico autorizado por el director médico de una compañía de seguros para practicar exámenes médicos. Asimismo, persona asignada por una compañía estatal de seguros.

**exclusión de aviación** (*aviation exclusion*) Ya sea anexa por cláusula adicional o incluida en el lenguaje normal de la póliza, exceptúa de la cobertura ciertas muertes o estados de invalidez debidos a la aviación, por ejemplo, "distinto de un pasajero que paga pasaje". (*Véase* vuelos no comerciales)

**exclusiones** (*exclusions*) Riesgos específicos enumerados en una póliza, por los que no se pagarán beneficios.

**exención de pago** (*disability income rider*) Beneficio por incapacidad que consiste en la liberación del pago de primas por parte del asegurado debido a causas específicas.

**exención de prima** (*waiver of premium*) Cláusula adicional o disposición que se incluye en la mayoría de las pólizas de seguro de vida y en algunas pólizas de seguro de enfermedad, por la que se exenta al asegurado del pago de primas cuando ha sufrido de invalidez durante un periodo específico, normalmente de 6 meses en las pólizas de seguro de vida y de 90 días o 6 meses en las pólizas de seguro de enfermedad. (*Véase* cláusula de exención de pago de primas por invalidez; EPP)

**expectativa de vida** (*life expectancy*) Duración promedio de la vida que le queda a un cierto número de personas de una edad determinada, de acuerdo con una tabla de mortalidad específica. No se debe confundir con el "tiempo de vida probable", el cual se refiere a la diferencia entre la edad actual de una persona y la edad a la que su muerte es más probable, es decir, la edad a la que ocurren la mayoría de los fallecimientos. (*Véase* experiencia de siniestralidad; tabla de mortalidad; mortalidad esperada; tasa de mortalidad; tasa de morbilidad)

**experiencia de siniestralidad** (*morbidity rate*) (*Véase* tabla de mortalidad; mortalidad esperada; tasa de mortalidad; tasa de morbilidad; expectativa de vida)

**experiencia del grupo asegurado** (*experience rating*) (*Véase* calificación de la experiencia)

**explosión** (*explosion*) Acción de reventar con estruendo un contenedor, debido a que los límites de resistencia de sus paredes son rebasados por el esfuerzo producido por la dilatación.

**expropiación** (*expropriation*) Cuando la autoridad, con fundamento o sin él, determina privar de los derechos de propiedad y uso al propietario de determinado bien, la cobertura no se otorga porque resultan imprevisibles las decisiones de un gobierno o una autoridad para decretar este tipo de actos.

**extinción** (*termination*) Son tres las principales formas que se consideran para la extinción del contrato de seguros: rescición, anulación y suspensión, pudiendo ser esta última temporal o definitiva.

**extraprimas** (*extra percentage tables*) (*Véase* tablas de porcentajes adicionales)

**F**

**factores de prima** (*premium factors*) Los tres factores primarios que se consideran para calcular la prima básica de un seguro: mortalidad, gastos e intereses.

**facultades** (*authority*) (*Véase* autoridad)

**facultades expresas** (*express authority*) (*Véase* autoridad expresa)

**falsedad de declaraciones** (*concealment*) (*Véase* ocultamiento)

**FICA** Aportaciones que hacen los empleados y los patrones para financiar las prestaciones de Seguridad Social (SVSIH u OASDHI).

**fideicomiso** (*trust*) Arreglo mediante el cual una propiedad queda en manos de una persona o compañía (fiduciario) para beneficio de otros (beneficiarios). El otorgante (persona que transfiere la propiedad al fiduciario) confiere título legal de propiedad al fiduciario, sujeto a los términos establecidos en un convenio de fideicomiso. Los beneficiarios tienen derechos equitativos sobre la propiedad en fideicomiso.

**fideicomiso de patrones múltiples; FPM** (*multiple employer trust; MET*) Varios grupos de personas que necesitan seguros de vida y de enfermedad pero que no reúnen los requisitos para un seguro de grupo auténtico se unen de conformidad con las leyes fiduciarias estatales, con el propósito de adquirir seguros a tarifas más favorables.

**fideicomiso de póliza de vida** (*administrative-services-only; ASO*) (*Véase* plan de servicios administrativos únicamente; SAU)

**fiduciario** (*fiduciary*) Persona que ocupa una posición de responsabilidad y confianza especiales; por ejemplo, en el manejo o supervisión de los asuntos o recursos de un tercero.

**fiduciario** (*trustee*) Persona legalmente autorizada para tener un título de propiedad en beneficio de otro, ya sea una persona o una compañía, como un banco o una compañía de fideicomiso.

**fondo de depuración** (*cleanup fund*) Uso básico de los seguros de vida y de gastos médicos; reserva para cubrir los costos de enfermedad final, sepelio, gastos jurídicos y administrativos, cuentas pendientes diversas, etc. (*Véase* fondo para gastos finales; cláusula de últimos gastos)

**fondo para gastos finales** (*final expense fund*) (*Véase* fondo de depuración; cláusula de últimos gastos)

**fraude** (*fraud*) Acto de engaño; tergiversación consciente de un hecho sustancial, hecha con la intención de que otra persona se apoye en ese hecho y sufra una dificultad financiera en consecuencia.

# G

**ganancias mensuales indizadas promedio; GMIP** (*averaged indexed monthly earnings; AIME*) Base que se utiliza para el cálculo del monto primario del seguro (PIA) en el caso de prestaciones de Seguridad Social.

**garantía de renovación** (*renewable option*) (*Véase* opción renovable)

**garantías** (*warranties*) Declaraciones hechas en una solicitud de seguro que se garantizan como verdaderas; es decir, son exactas en todos sus detalles, a diferencia de las manifestaciones. Las declaraciones hechas en las solicitudes de seguros pocas veces son garantías, a menos que tengan que ver con un fraude. (*Véase* manifestación; declaración)

**gasto usual acostumbrado; GUA** (*reasonable and customary charge*) (*Véase* cargo razonable y acostumbrado)

**gastos de hospital** (*hospital benefits*) (*Véase* beneficios de hospital)

**gastos de traslado** (*towing insurance*) Cubren el costo del traslado de un vehículo accidentado, cuyos daños le impiden hacerlo por sí mismo.

**gastos diversos** (*miscellaneous expenses*) Cargos de hospital distintos de la habitación y los alimentos; por ejemplo, rayos X, medicamentos, honorarios de laboratorio, etc., relacionados con los seguros de enfermedad. (*Véase* gastos extra de hospitalización)

**gastos extra de hospitalización** (*miscellaneous expenses*) (*Véase* gastos diversos)

**gastos médicos** (*medical expenses*) Cubren el riesgo que, por colisión o vuelco, pudiese afectar la integridad física o causar la muerte de los ocupantes del vehículo asegurado.

**gastos y costos** (*costs and expenses*) Cubre los gastos erogados por juicios que se siguen en contra del titular asegurado, con motivo de un daño ocasionado por el vehículo asegurado.

**grupo de publicaciones periódicas** (*periodical publication group*) Grupo representativo de los que reúnen los requisitos para un seguro de vida abierto; en este caso, la póliza se emite en favor de un diario, un periódico rural, una revista u otra publicación periódica. La póliza asegura a los contratistas independientes y a otras personas dedicadas a la comercialización y entrega de publicaciones periódicas.

**grupo natural** (*natural group*) Grupo formado por una razón distinta de la obtención de un seguro.

**grupos de seguros** (*groups of insurance*) Son tres grandes grupos, a saber: seguros de daños, seguros de vida y seguros de accidentes personales y enfermedades.

**guías de comprador** (*buyer's guides*) Libros guía de información al consumidor que explican las pólizas de seguros y los conceptos relacionados con éstos; en muchos estados es obligatorio proporcionarlos a los solicitantes cuando se consideran ciertos tipos de coberturas.

# H

**hospital o sanatorio** (*hospital or clinic*) Institución al cuidado de la salud que en ocasiones se encuentra afiliada a redes de servicios hospitalarios en convenio con companías aseguradoras.

**huelgas y alborotos populares** (*riot and civil commotion*) Cubre los riesgos de daños al vehículo por personas que provoquen desórdenes, tumultos y agresiones.

# I

**impuesto sobre donaciones**
(*gift tax*) Impuesto federal
con el que se grava la
transferencia vitalicia de
propiedades por menos de
su valor total.

**impuesto sobre sucesiones**
(*estate tax*) Impuesto federal
con el que se grava el valor
de las propiedades
transferidas por una
persona a su fallecimiento.

**incapacidad permanente
parcial** (*partial permanent
disability*) Según lo
establecido en el Artículo
479 de la Ley Sobre el
Contrato de Seguro (LSCS),
es la disminución de las
facultades o aptitudes de
una persona para trabajar.

**incapacidad permanente total**
(*permanent total disability*)
Como lo indica el Artículo
480 de la Ley Sobre el
Contrato de Seguro (LSCS),
es la pérdida de facultades
o aptitudes de una persona
que la imposibilita para
desempeñar cualquier

trabajo por el resto de su
vida.

**incapacidad temporal**
(*temporary disability*) Según
el Artículo 478 de la Ley
Sobre el Contrato de Seguro
(LSCS), es la pérdida de
facultades o aptitudes que
imposibilita parcial o
totalmente a una persona
para desempeñar su trabajo
por algún tiempo.

**incendio** (*fire*) Fuego intenso
que abrasa lo que no está
destinado a arder, como
pueden ser los edificios, los
sembradíos, etcétera.

**incendio, rayo y explosión**
(*fire, lightning and explosion*)
Cubre el riesgo de daños al
vehículo por estos
conceptos, ya sea por
autoignición o bien por
agentes exteriores o eventos
fortuitos y accidentales.

**incidentes de propiedad**
(*incidents of ownership*) Todo
poder o participación sobre
una póliza de seguro de
vida que sujete la misma a

inclusión en la sucesión bruta de un difunto.

**indemnización básica** (*capital sum*) Monto que se entrega en caso de pérdida accidental de miembros o de la vista. La indemnización por la pérdida de un miembro o la vista de un ojo son porcentajes de la indemnización básica. (*Véase* indemnización por pérdida de miembros)

**indemnización hospitalaria** (*hospital indemnity*) Forma de seguro de enfermedad que proporciona una indemnización diaria, semanal o mensual estipulada durante la reclusión en un hospital; pagadera sobre una base de no asignación sin consideración a los gastos reales de hospital.

**indemnización legal** (*legal indemnification*) Se aplica de acuerdo con los artículos de la Ley Federal del Trabajo que determinan el grado de la reparación a que se refiere el Artículo 1915 del Código Civil para el Distrito Federal.

**indemnización por pérdida de miembros** (*capital sum*) (*Véase* indemnización básica)

**índice variable de incrementos** (*variable increment index*) De acuerdo con los indicadores pactados, la suma asegurada de las pólizas puede tener incrementos automáticos.

**indisputabilidad** (*contestable period*) (*Véase* periodo de impugnabilidad)

**informe de agente** (*agent's report*) Sección de una solicitud de seguro donde el agente informa sus observaciones personales acerca del solicitante. (*Véase* cuestionario de agente)

**informe de crédito** (*credit report*) Resumen del historial crediticio de un solicitante de seguros, elaborado por una organización independiente que ha investigado la situación crediticia del solicitante.

**informe de inspección** (*inspection report*) Informe de un investigador en el que proporciona los datos o hechos que se requieren para una decisión de suscripción apropiada respecto a solicitudes de nuevos seguros y reinstalación de pólizas.

**informe médico** (*medical report*) Documento elaborado por un médico u otro examinador aprobado y que se envía a una aseguradora para proporcionar pruebas médicas de asegurabilidad (o falta de la misma) o en relación con una reclamación.

**informe médico de siniestro** (*proof of loss*) (*Véase* prueba de pérdida)

**infraseguro** (*underinsurance*) Se aplica cuando la suma asegurada es menor al valor de los bienes.

**ingresos** (*income*) Retribución por mercancías vendidas o servicios prestados del negocio asegurado.

**interés asegurable** (*insurable interest*) Requisito de los contratos de seguros de que el solicitante debe experimentar una pérdida al fallecer o quedar inválido un tercero, y de que la pérdida debe ser suficiente para ameritar una compensación.

**interés moratorio** (*back interest*) Interés que pagará la compañía al asegurado en caso de demora de la indemnización correspondiente a un siniestro, aun habiendo recibido oportunamente la documentación y la información requerida del mismo.

**intereses en exceso** (*excess interest*) Diferencia entre la tasa de interés que la compañía garantiza pagar sobre productos remanentes conforme a las opciones de liquidación y los intereses efectivamente pagados por la compañía sobre esos fondos. (*Véase* dividendos estimados)

**interrupción por la autoridad civil** (*interruption by civil authorities*) En ganancias brutas, este endoso cubre la pérdida real amparada durante la vigencia del contrato, sin excederse de dos semanas consecutivas, cuando, debido al siniestro, el acceso a los predios haya sido prohibido por la autoridad.

**intervención** (*conservation*) (*Véase* conservación)

**invalidez** (*disability*)
Impedimento físico o
mental que incapacita a una
persona para desempeñar
uno o más deberes propios
de su ocupación.

**invalidez parcial** (*partial
disability*) Enfermedad o
lesión que impide al
asegurado desempeñar al
menos uno o más de sus
deberes laborales, pero no
todos.

**invalidez total** (*total disability*)
Invalidez que impide al
asegurado desempeñar
deber alguno de sus
ocupaciones normales o
tener cualquier ocupación
remunerada; la definición
real depende de la
redacción de la póliza.

**Investigación Armstrong**
(*Armstrong Investigation*)
Investigación de un gran
número de compañías de
seguros que se llevó a cabo
en Estados Unidos en 1905
y que condujo a la
promulgación de una
supervisión estatal más
estricta y de requisitos que
deben cubrir los seguros.

**IUMI** Siglas de la Unión
Internacional de Seguros de
Transporte, importante
institución concertadora y
reglamentadora de los
seguros de transportes.

# L

**lesión no incapacitante**
(*nondisabling injury*) Lesión
que requiere atención
médica, pero no origina
pérdida de tiempo de
trabajo.

**lesiones menores** (*minor
injuries*) Lesiones menores y
contusiones resultantes de
un accidente que se cubren
con curaciones, sin
necesidad de internamiento
hospitalario. (*Véase*
curaciones)

**Ley de Disposiciones
Uniformes en Pólizas
Individuales de
Accidentes y Enfermedad**
(*Uniform Individual Accident
and Sickness Policy
Provisions Law*) Ley modelo
de la NAIC que estableció
términos, disposiciones y
normas para las pólizas de
seguro de enfermedad que
cubren pérdidas
"resultantes de
enfermedades o de lesiones
corporales o muerte

accidental, o de ambas
cosas".

**Ley de Informes de Crédito
Leales** (*Fair Credit Reporting
Act*) Ley federal que exige
que se informe a una
persona que es sujeto de
investigación por parte de
una compañía inspectora.

**ley de los grandes números**
(*law of large numbers*)
Principio básico de los
seguros según el cual
cuanto mayor es el número
de riesgos individuales
combinados en un grupo,
mayor es la certeza en la
predicción del grado o
monto de la pérdida en la
que se incurrirá en un
periodo determinado.

**Ley de Prácticas Comerciales
Desleales** (*Unfair Trade
Practices Act*) Ley modelo
redactada por la National
Association of Insurance
Commissioners (NAIC) de
Estados Unidos y adoptada
por la mayoría de los
estados, la cual faculta a los
comisionados estatales de
seguros para investigar y
emitir órdenes de cese y
desistimiento, así como
sanciones, a las
aseguradoras por la

realización de prácticas desleales o engañosas, como tergiversación o coerción.

**Ley Marítima de Rodas** (*Rhodes Marine Law*) Principio básico del seguro según el cual, cuando hay un siniestro, las pérdidas se reparten entre la comunidad. Este principio nació en el año 900 a.C., en la isla de Rodas, en Grecia.

**Ley McCarran-Ferguson** (*McCarran-Ferguson Law*) También conocida como Ley Pública 15, es la ley de 1945 que exenta a los seguros de las leyes federales antimonopolio en la medida en que los seguros están regulados por los estados.

**Ley para el Retiro de Personas que Trabajan por su Cuenta** (*Self-Employed Individuals Retirement Act*) Promulgada por el Congreso de Estados Unidos en 1962, esta ley permite que las personas que trabajan por su cuenta establezcan planes para el retiro calificados similares a los disponibles para las compañías.

**Ley Sobre el Contrato de Seguros; LSCS** (*Mexican Insurance Contract Law*) Ley que dispone que, por medio del contrato, la empresa aseguradora se obliga, a través de una prima, a reducir un daño o a pagar una suma de dinero al verificarse la eventualidad en el contrato. (*Véase* código de seguros)

**Ley Uniforme de Muerte Simultánea** (*Uniform Simultaneous Death Act*) Ley modelo que estipula que, cuando un asegurado y su beneficiario mueren al mismo tiempo, se supone que el asegurado sobrevivió al beneficiario.

**licencia** (*license*) Certificación que emite un departamento estatal de seguros respecto a que una persona reúne los requisitos para ofrecer solicitudes de seguros en el periodo cubierto; se emite por un año, y es renovable previa solicitud sin necesidad de repetir los requisitos originales de calificación. (*Véase* cédula de agente de seguros)

**límite de tiempo sobre ciertas defensas** (*time limit on certain defenses*) Disposición que establece que una póliza de seguro no es impugnable una vez que ha estado en vigor durante un cierto periodo. También limita el periodo durante el cual una aseguradora puede rechazar una reclamación con base en una condición preexistente. (*Véase* periodo de disputabilidad)

**línea universal** (*universal life*) (*Véase* vida universal)

**línea universal con incrementos** (*variable universal life insurance*) (*Véase* seguro de vida universal variable)

**liquidación** (*liquidation value*) Cantidad monetaria que podría producir la propiedad en una situación forzada de venta, dentro de un plazo específico de tiempo. Con frecuencia se asocia la liquidación con una subasta.

**Lloyd's of London** Asociación de personas y compañías que suscriben seguros sobre sus propias cuentas y proporcionan coberturas especializadas.

**local** (*premises*) En seguros, comprende sólo la parte del interior del edificio descrito, ocupada exclusivamente por el asegurado en conexión con su negocio.

**lugar de pago de indemnización** (*place of claim payment*) Cualquier indemnización a cargo de la compañía aseguradora se hará en el domicilio de ésta.

# M

**mancomunación de riesgos**
(*loss sharing*) (*Véase*
pérdidas compartidas)

**manifestación** (*representation*)
Declaraciones hechas por el
solicitante en su solicitud
de seguro, las cuales
considera como
fundamentalmente
verdaderas a su leal saber
y entender, pero que no
garantiza como exactas en
cada uno de sus detalles.
(*Véase* garantías; declaración)

**MAPM voluntario de grupo**
(*voluntary group AD&D*)
Póliza de seguro de muerte
accidental y pérdida de
miembros pagada en su
totalidad por los
empleados, no por el patrón.

**materia prima** (*raw material*)
Son los materiales usuales
en el negocio del asegurado
en el estado en que los
adquiere.

**Medicaid** En Estados Unidos,
sistema que proporciona
asistencia a los necesitados
con participación conjunta
federal/estatal (Ley Kerr-
Mills).

**Medicare** Programa de
seguros de enfermedad y
asistencia médica para
personas de 65 años de
edad o más, patrocinado
por el gobierno federal de
Estados Unidos; se
administra conforme a las
disposiciones de la Ley de
Seguridad Social.

**Medicare Parte A** (*Medicare
Part A*) Seguro de
hospitalización obligatorio
que proporciona beneficios
específicos de gastos de
hospital y afines. Todos los
trabajadores cubiertos por
el Seguro Social financian
su operación mediante una
parte de su impuesto FICA.

**Medicare Parte B** (*Medicare
Part B*) Programa
voluntario que tiene por
objeto proveer un seguro
médico complementario
para cubrir atención

médica, servicios médicos y suministros no cubiertos por el Medicare Parte A.

**médico** (*physician; doctor*) Profesional de la medicina necesario para la atención de las enfermedades o accidentes, importante en convenios con aseguradoras.

**médico participante** (*participating physician*) Médico que acepta los cargos permisibles o reconocidos por Medicare y que no cobra más que esas cantidades.

**método de costo neto ajustado por intereses** (*interest adjusted net cost method*) Método para comparar los costos de pólizas similares mediante el uso de un índice que toma en cuenta el valor temporal del dinero.

**método de financiamiento por prima uniforme** (*level premium funding method*) Plan de seguro (utilizado por todas las compañías de seguros de vida normales) según el cual, en vez de una prima que se incrementa anualmente para reflejar la creciente probabilidad de fallecimiento, se paga una prima uniforme equivalente. Las reservas que se acumulan en virtud de las primas sobradas de los primeros años complementan las primas insuficientes de años posteriores. (*Véase* seguro de prima nivelada)

**método tradicional de costo neto** (*traditional net cost method*) Método para comparar los costos de pólizas similares que no toma en cuenta el valor temporal del dinero. (*Véase* comparativo de primas)

**modificación** (*modification*) La modificación de un contrato de seguro puede afectar los elementos esenciales o los accidentales del mismo.

**monto de suma asegurada** (*insured amount*) La mayoría de las aseguradoras otorgan sumas aseguradas por arriba de cinco o seis veces el ingreso anual declarado del solicitante.

**monto del seguro primario; MSP** (*primary insurance amount; PIA*) Cantidad igual a la prestación de jubilación total de Seguridad Social a la edad de 65 años o a la prestación de invalidez de un trabajador totalmente cubierto.

**monto en riesgo** (*amount at risk*) Diferencia entre el monto nominal de la póliza y la reserva o el valor de la póliza en un momento dado. En otras palabras, el monto en dinero en exceso del que el tenedor de la póliza ha aportado del valor en efectivo con vistas al pago de su propia reclamación. En virtud de que el valor en efectivo aumenta año con año, el monto en riesgo neto disminuye naturalmente hasta hacerse por fin cero, cuando el valor en efectivo o la reserva se convierten en el monto nominal. (*Véase* valor garantizado)

**monto nominal** (*face amount*) Término con el que comúnmente se hace referencia a la suma principal relacionada con el contrato. El monto pagadero real puede disminuir por préstamos o aumentar en virtud de beneficios adicionales pagaderos en condiciones específicas o estipuladas en la cláusula adicional. (*Véase* suma asegurada básica)

**morbilidad** (*morbidity*) Incidencia relativa de invalidez a causa de una enfermedad o accidente en un grupo determinado) (*Véase* siniestralidad)

**mortalidad** (*mortality*) Incidencia relativa de muerte en un grupo.

**mortalidad esperada** (*expected mortality*) Número de muertes que teóricamente deben ocurrir en un grupo de personas aseguradas durante un periodo determinado, de acuerdo con la tabla de mortalidad que se utiliza. Por lo regular, se prevé y se experimenta una tasa de mortalidad más baja. (*Véase* expectativa de vida; tabla de mortalidad; experiencia de siniestralidad; tasa de mortalidad; tasa de morbilidad)

**muerte accidental y pérdida de miembros; MAPM** (*accidental death and dismemberment; AD&D*) Seguro que efectúa un pago si la muerte del asegurado es consecuencia de un accidente o si el asegurado pierde accidentalmente un miembro arriba de las articulaciones de la muñeca o del tobillo, o si pierde la vista de manera total e irreversible.

# N

**nacimiento** (*initiation*) El contrato del seguro nace en el momento en que el asegurado llena, firma y entrega la solicitud de seguro a la aseguradora.

**negocio individual** (*sole proprietorship*) La forma más simple de organización empresarial en la que un solo individuo es dueño de toda la compañía y la gobierna.

**no participativo** (*nonparticipating*) Seguro en cuyos términos el asegurado no tiene derecho a una participación del superávit divisible de la compañía.

**nombramiento** (*appointment*) Autorización o certificación de un agente para actuar a nombre de una compañía de seguros o para representarla.

**normas de participación** (*participation standards*) Reglas que se deben seguir para determinar si un empleado reúne los requisitos para participar en un plan para el retiro calificado. (*Véase* requisitos de selección)

**nota de cobertura** (*covering note*) Nota elaborada por un agente o corredor, generalmente válida por 90 días, que informa al asegurado que la cobertura está vigente antes de que se haya redactado un contrato o se haya pagado la prima. (*Véase* cobertura provisional; recibo cobertura de vida)

# O

**obsolescencia** (*obsolescence*) El desarrollo continuo de los conocimientos y la tecnología hacen que con el tiempo el bien se vuelva obsoleto y pierda valor asegurable.

**ocultamiento** (*concealment*) Falta, por parte del asegurado, de manifestación a la compañía de un hecho sustancial para la aceptación del riesgo en el momento de hacer la solicitud correspondiente. (*Véase* falsedad de declaraciones)

**ocupación de los solicitantes** (*applicant's occupation*) Se deberá especificar la ocupación exacta del solicitante de un seguro para la valoración del riesgo y se hará del conocimiento de la aseguradora cualquier cambio de la misma.

**ocupación habitual** (*own occupation*) (*Véase* ocupación propia)

**ocupación propia** (*own occupation*) Definición de invalidez total que requiere que, con el fin de recibir beneficios de ingresos por invalidez, el asegurado debe estar imposibilitado para trabajar en su ocupación propia. (*Véase* ocupación habitual)

**Oficina de Información Médica; OIM** (*Medical Information Bureau; MIB*) Organización de servicio que recopila datos médicos sobre solicitantes de seguros de vida y de enfermedad para las compañías de seguros afiliadas.

**ofrecimiento correcto** (*proper solicitation*) Elevadas normas profesionales que obligan al agente a identificarse debidamente, esto es, como agente que ofrece seguros a nombre de una compañía aseguradora. (*Véase* actitud profesional)

**ofrecimiento y aceptación** (*offer and acceptance*) El ofrecimiento puede ser hecho por el solicitante al firmar la solicitud, pagar la primera prima y, si es necesario, someterse a un examen físico. La emisión de la póliza, según se solicitó, constituye la aceptación por parte de la compañía. O bien, el ofrecimiento puede ser hecho por la compañía cuando no se entrega el monto de la prima junto con la solicitud. El pago de la prima sobre la póliza ofrecida constituye en tal caso la aceptación por parte del solicitante. (*Véase* aceptación)

**OMS de panel abierto** (*open-panel HMO*) Red de médicos que trabajan en sus propios consultorios y participan en la organización de mantenimiento de la salud sobre la base de tiempo parcial.

**OMS de panel cerrado** (*closed-panel HMO*) Grupo de médicos que son empleados asalariados de una organización de mantenimiento de la salud y que trabajan en instalaciones proporcionadas por la OMS. (*Véase* OMS modelo de grupo)

**OMS modelo de grupo** (*group model HMO*) (*Véase* OMS de panel cerrado)

**oneroso** (*onerous*) Una de las características de los contratos de seguros donde se estipulan provechos y gravámenes recíprocos (Artículo 1837 del Código de Comercio [CC]).

**opción de intereses** (*interest option*) (*Véase* opción de sólo intereses)

**opción de liquidación con ingresos vitalicios** (*life income settlement option*) Opción de liquidación que estipula que el producto de un seguro de vida o de renta se utilice para adquirir un seguro de renta pagadero al beneficiario de por vida, en muchos casos con un número especificado de pagos garantizados o un reembolso si los pagos no igualan o exceden las primas pagadas.

**opción de liquidación de cantidad fija** (*fixed-amount settlement option*) Opción de liquidación de los seguros de vida por la cual el beneficiario da instrucciones para que el producto se pague en forma de plazos regulares de una cantidad en dinero fija. El número de periodos de pago está determinado por el monto nominal de la póliza, el monto de cada pago y los intereses devengados. (*Véase* plan de fideicomiso administrado)

**opción de liquidación en periodos fijos** (*fixed-period settlement option*) Opción de liquidación de los seguros de vida en la cual el beneficiario establece el número de pagos y el monto del producto determina el monto de cada pago.

**opción de renovación** (*re-entry option*) Opción de una póliza renovable de seguro de vida con periodo de vigencia por la cual se garantiza al tenedor que, al término de la vigencia, podrá renovar su cobertura sin prueba de asegurabilidad, a una tasa de prima que se especifica en la póliza. (*Véase* renovación garantizada)

**opción de rescate** (*cash surrender option*) Opción de pérdida nula que permite que el tenedor de una póliza de seguro de vida total reciba una liquidación del valor efectivo de su póliza.

**opción de seguro saldado** (*reduced paid-up insurance*) (*Véase* seguro pagado reducido)

**opción de sólo intereses** (*interest only option*) Modalidad de liquidación en la cual la totalidad o parte del producto de una póliza se deja en manos de la compañía durante un periodo definido a una tasa de interés mínima garantizada. Los intereses pueden sumarse al producto o pagarse de forma anual, semestral, trimestral o mensual. (*Véase* dividendos en inversión; opción de intereses)

**opción renovable** (*renewable option*) Opción que permite al tenedor de una póliza con periodo de vencimiento renovar la misma antes de su fecha de terminación sin tener que proporcionar prueba de asegurabilidad. (*Véase* garantía de renovación)

**opciones de dividendos**
(*dividend options*) Diferentes formas en que el asegurado por una póliza participativa de seguro de vida puede optar por recibir las utilidades excedentes: en efectivo, como reducción de la prima, como seguro pagado adicional, como depósito para recibir intereses o como un seguro adicional con periodo de vigencia.

**opciones de liquidación**
(*settlement options*) Modalidades opcionales de liquidación que ofrecen la mayoría de las pólizas de seguro de vida en vez del pago a suma alzada. Las opciones normales son: suma alzada en efectivo, únicamente intereses, periodo fijo, cantidad fija e ingresos vitalicios.

**opciones de pérdida nula**
(*nonforfeiture options*) Privilegios que se permiten en los términos de un contrato de seguro de vida

una vez que se han creado valores efectivos.

**organización de proveedores exclusivos; OPE** (*exclusive provider organization; EPO*) Variante del concepto OPP (PPO); una OPE establece un contrato con un número muy limitado de médicos y normalmente con un solo hospital para brindar servicios a sus miembros; los miembros que deciden obtener asistencia médica fuera de la OPE no reciben beneficio alguno. (*Véase* organización de proveedores preferentes; red médica en convenio; asistencia administrada; red médica afiliada)

**organización de proveedores preferentes; OPP** (*preferred provider organization; PPO*) Asociación de proveedores de asistencia médica, como médicos y hospitales, por ejemplo, que aceptan brindar servicios de asistencia médica a los miembros de un grupo específico, a cambio de honorarios negociados por adelantado. (*Véase* asistencia administrada; organización de proveedores exclusivos; red médica en convenio; red médica afiliada)

**organización para el mantenimiento de la salud; OMS** (*health maintenance organization; HMO*) Administración del cuidado de la salud que hace hincapié en el cuidado preventivo de la salud, el diagnóstico temprano y el tratamiento sobre la base de pacientes externos. Por lo general, las personas se inscriben voluntariamente y pagan una cuota fija periódica.

**OSHA** Occupational Safety and Health Administration (Administración para la Seguridad y Salud Ocupacionales); organismo del gobierno de Estados Unidos que establece los lineamientos federales de seguridad en el trabajo.

**otros seguros** (*other insurance*) El asegurado tendrá la obligación de informar a la aseguradora si tiene otros seguros, para fijar la proporcionalidad de las indemnizaciones en caso de siniestro.

**P**

**padecimientos preexistentes** (*preexisting conditions*) Enfermedades existentes con anterioridad a la contratación de pólizas de salud, principalmente, las cuales deben ser mencionadas por el solicitante para su correcta evaluación.

**partes competentes** (*competent parties*) Para que tenga validez, un contrato se debe establecer entre partes competentes. Una parte competente es aquella que es capaz de entender el contrato al que da su aceptación.

**participación porcentual** (*percentage participation*) (*Véase* coaseguro)

**participativo** (*participating*) Plan de seguro en el cual el tenedor de la póliza recibe participaciones (por lo común llamadas dividendos) del superávit divisible de la compañía. (*Véase* seguro con participación de dividendos)

**peligro** (*hazard*) Cualquier factor que da origen a una contingencia.

**peligro de moral (motivación)** (*morale hazard*) Peligro que surge de la indiferencia hacia una pérdida en virtud de la existencia de un seguro.

**peligro de moralidad** (*moral hazard*) Efecto de la reputación, carácter, asociados, hábitos personales de vida, responsabilidad financiera y entorno de una persona, a diferencia de su salud física, sobre la asegurabilidad general de la misma.

**pérdida accidental de miembros** (*accidental dismemberment*) Se suele definir como "desprendimiento de miembros en o arriba de las articulaciones de la muñeca o del tobillo, o la pérdida total e irrevocable de la vista". La pérdida del uso del miembro, por sí sola, puede o no ser considerada como pérdida del mismo.

**pérdida de ganancias brutas** (*loss of gross gains*) A consecuencia de un siniestro, una empresa deja de percibir ingresos o ganancias y esta cobertura le asegura por un tiempo pactado esos ingresos.

**pérdida de pólizas o renovaciones** (*loss of policies or renewals*) El asegurado tendrá derecho a solicitar duplicados de sus pólizas o renovaciones en caso de extravío de sus originales.

**pérdida de un solo miembro** (*single dismemberment*) Pérdida de una mano o de un pie, o de la vista de un ojo.

**pérdidas compartidas** (*loss sharing; risk pooling*) Principio básico de los seguros, según el cual un número grande de personas hace aportaciones para cubrir las pérdidas de unas pocas. (*Véase* mancomunación de riesgos)

**perfeccionamiento** (*completion*) El contrato de seguro se completa en el momento en que el asegurado tiene respuesta (fehaciente) de que ha sido aceptada su solicitud.

**periodo de beneficio** (*benefit period*) Máximo intervalo de tiempo durante el cual se pagarán beneficios por un accidente, enfermedad o estancia en cualquier hospital.

**periodo de dependencia** (*dependency period*) Periodo que sigue al fallecimiento del sostén económico de la familia y que concluye cuando el hijo más joven alcanza la mayoría de edad.

**periodo de disputabilidad** (*time limit on certain defenses*) (*Véase* límite de tiempo sobre ciertas defensas)

**periodo de eliminación** (*elimination period*) Tiempo que transcurre entre el inicio de la invalidez de un asegurado y el comienzo del periodo durante el cual son pagaderos los beneficios. (*Véase* periodo de espera)

**periodo de espera** (*waiting period*) (*Véase* periodo de eliminación)

**periodo de gracia** (*grace period*) Periodo posterior a la fecha de vencimiento de una prima, durante el cual la póliza permanece en vigor sin sanción alguna. (*Véase* vistazo gratuito)

**periodo de impugnabilidad** (*contestable period*) Periodo durante el cual la compañía puede impugnar una reclamación sobre una póliza con base en información engañosa o incompleta proporcionada en la solicitud. (*Véase* indisputabilidad)

**periodo de indemnización** (*period of indemnity*) Tiempo comprendido entre la fecha del siniestro y el pago de la suma asegurada, durante el cual se ven afectadas las operaciones del negocio asegurado, como consecuencia del mismo.

**periodo de inscripción** (*enrollment period*) Periodo durante el cual los nuevos empleados pueden inscribirse para gozar de cobertura en un plan de seguro de grupo.

**periodo de prueba** (*probationary period*) Número específico de días posteriores a la fecha de emisión de una póliza de seguro, durante los cuales no se brinda cobertura por enfermedad. Es práctica normal en las coberturas de grupo.

**periodo de suspensión** (*blackout period*) Periodo que sigue a la muerte del sostén económico de una familia y durante el cual el cónyuge sobreviviente no dispone de prestaciones de Seguridad Social.

**periodo de vigencia de la póliza** (*term of policy*) Periodo durante el cual corre la póliza. En los seguros de vida, esto es hasta el final del periodo de vigencia en el caso de los seguros con periodo de vigencia, hasta la fecha de vencimiento en el de los seguros dotales y hasta el fallecimiento del asegurado (o la edad de 100 años) en los seguros permanentes. En la mayoría de los otros tipos de seguros, suele ser el periodo por el cual se ha pagado una prima por adelantado; sin embargo, puede ser por un año o más, aunque la prima se pague sobre una base semestral o de otro tipo.

**periodo de vigencia renovable** (*renewable term*) Algunas pólizas con periodo de vigencia se pueden renovar con base en el mismo plan por uno o más años sin examen médico, pero con tarifas basadas en la edad más avanzada del asegurado. (*Véase* seguro renovable a edad alcanzada)

**periodo dotal** (*endowment period*) Contrato que estipula el pago del monto nominal al cabo de un periodo fijo, a una edad específica del asegurado o a su fallecimiento, en caso de que ocurra antes del término del periodo señalado.

**peritaje** (*adjustment*) En caso de desavenencia en la indemnización por siniestro, se procederá a realizar un peritaje para establecer el pago correcto.

**plan calificado** (*qualified plan*) Plan de jubilación o de remuneración a empleados establecido y mantenido por un patrón que satisface lineamientos específicos establecidos por el IRS (la autoridad fiscal) y que, por tanto, recibe un tratamiento fiscal favorable. (*Véase* seguro colectivo contractual)

**plan de acciones propiedad de los empleados; PAPE** (*employee stock ownership plan; ESOP*) Forma de plan de participación en las utilidades, de aportaciones definidas; un PAPE invierte principalmente en los valores o acciones del patrón.

**plan de ahorro con incentivo de igualación para empleados** (*savings incentive match plan for employees; SIMPLE*) Plan para el retiro calificado de patrón que permite al patrón de una empresa pequeña establecer planes de ahorro para el retiro con tratamiento fiscal favorable para sus empleados.

**plan de amortización de acciones** (*stock redemption plan*) Convenio conforme al cual una compañía cerrada adquiere la participación de un accionista difunto.

**plan de aportación** (*contributory plan*) Plan de seguro de grupo emitido a favor de un patrón, bajo el cual tanto éste como los empleados hacen aportaciones para cubrir el costo del plan. Por lo general, el 75 por ciento de los empleados que cumplen los requisitos deben estar asegurados. (*Véase* plan sin aportaciones; seguro de grupo o colectivo; seguro de grupo por prestación contractual; seguro crediticio de grupo; seguro de grupo de deudores)

**plan de aportaciones definidas** (*defined contribution plan*) Plan para el retiro fiscalmente calificado en el cual las aportaciones anuales se determinan por medio de una fórmula establecida en el plan. Las prestaciones que se pagan al participante varían de acuerdo con el monto de las aportaciones hechas a su nombre y con los años de servicio durante la vigencia del plan. (*Véase* plan de pensión para el retiro)

**plan de autoaseguramiento** (*self-insured plan*) Plan de seguro de enfermedad que se caracteriza porque una empresa patrón (por lo

general grande), un sindicato de trabajadores, una organización fraterna u otro grupo se hace cargo del riesgo de cubrir los gastos médicos de sus empleados.

**plan de autoservicio** (*cafeteria plan*) Arreglo de prestaciones para empleados en el cual éstos pueden elegir entre una gama de prestaciones.

**plan de compra cruzada** (*cross-purchase plan*) Convenio que estipula que, al fallecimiento de un propietario de la empresa, los propietarios sobrevivientes adquirirán la participación del difunto, en muchos casos con fondos obtenidos de pólizas de seguro de vida adquiridas por cada accionista principal sobre la vida de todos los demás accionistas principales.

**plan de compra monetaria** (*money-purchase plan*) Tipo de plan calificado en el cual las aportaciones se hacen por montos fijos o porcentajes fijos del salario de los empleados. Los beneficios de cada empleado se proporcionan por el monto que las aportaciones acumuladas o actuales le produzcan.

**plan de continuidad de empresa** (*business continuation plan*) Arreglo entre los propietarios de un negocio que estipula que las acciones propiedad de cualquiera de ellos que fallezca o quede inválido serán vendidas a y adquiridas por los demás copropietarios o por la empresa. (*Véase* seguro de hombre clave; seguro de persona clave)

**plan de continuidad de salario** (*salary continuation plan*) Arreglo por el cual, a la jubilación, fallecimiento o invalidez de un empleado, se continúa proporcionando un ingreso, por lo regular relacionado con el salario del empleado.

**plan de entidad** (*entity plan*) Convenio en el cual una empresa asume la obligación de adquirir la participación en la misma de un propietario difunto, con lo cual se incrementa proporcionalmente la participación de los propietarios sobrevivientes.

**plan de fideicomiso administrado** (*fixed-amount settlement option*) (*Véase* opción de liquidación de cantidad fija)

**plan de incentivo en acciones** (*stock bonus plan*) Plan por el cual se pagan incentivos a los empleados en acciones de la compañía.

**plan de participación de utilidades** (*profit sharing plan*) Todo plan en el cual se reserva una parte de las utilidades de la compañía para distribuirla a los empleados que reúnen los requisitos del plan.

**plan de pensión para el retiro** (*defined contribution plan*) (*Véase* plan de aportaciones definidas)

**plan de prestaciones definidas** (*defined benefit plan*) Plan de pensión conforme al cual las prestaciones se determinan por medio de una fórmula de prestaciones específica.

**plan de prima mínima; PPM** (*minimum premium plan; MMP*) Proyectado para apoyar un plan de autoasegurado, un plan de prima mínima ayuda a asegurarse contra pérdidas grandes e impredecibles superiores al nivel de autoasegurado.

**plan de remuneración diferida** (*deferred compensation plan*) Diferimiento de la remuneración de un empleado hasta cierta edad o fecha futura. Estos planes se emplean con frecuencia para ofrecer prestaciones, por ejemplo, ingresos para el retiro a ciertos miembros del personal.

**plan de seguro convertible** (*conversion privilege*) (*Véase* privilegio de conversión)

**plan de servicios administrativos únicamente; SAU** (*administrative-services-only; plan; ASO*) Arreglo a cuyo amparo la compañía aseguradora o una organización independiente, a cambio de una cuota, se hace cargo de la administración de las reclamaciones, beneficios y otras funciones administrativas a nombre de un grupo autoasegurado. (*Véase* fideicomiso de póliza de vida)

**plan no calificado** (*nonqualified plan*) Plan para el retiro que no satisface los requisitos del gobierno federal y no tiene derecho a un tratamiento fiscal favorable.

**plan simplificado de pensión para empleados; SPE** (*simplified employee pension plan; SEP*) Tipo de plan para el retiro calificado en el cual el patrón hace aportaciones a una cuenta individual para el retiro establecida y mantenida por el empleado. (*Véase* plan simplificado de pensión para empleados con reducción de salario)

**plan simplificado de pensión para empleados con reducción de salario** (*salary reduction SEP*) Plan para el retiro calificado, limitado a compañías con 25 empleados o menos. Permite a los empleados diferir parte de sus ingresos antes de impuestos en el plan, con lo cual reducen su ingreso gravable. (*Véase* plan simplificado de pensión para empleados)

**plan sin aportaciones** (*noncontributory plan*) Plan de prestaciones para los empleados en el que el patrón se hace cargo del costo total de las prestaciones de los empleados; debe asegurar al 100 por ciento de los empleados que reúnen los requisitos. (*Véase* plan de aportación; seguro de grupo o colectivo; seguro de grupo por prestación contractual)

**planes de jubilación individual** (*Keogh plans*) (*Véase* planes Keogh)

**planes de prestaciones para empleados** (*employee benefit plans*) Planes por medio de los cuales el patrón ofrece a sus empleados prestaciones tales como cobertura de gastos médicos, invalidez, jubilación y muerte.

**planes de Sección 457** (*Section 457 plans*) Planes de remuneración diferida para empleados de gobiernos estatales y locales, en los cuales las cantidades diferidas no se incluyen en el ingreso bruto hasta que se reciben o se ponen a disposición efectivamente.

**planes Keogh** (*Keogh plans*) Tienen el propósito de financiar la jubilación de personas que trabajan por su cuenta; el nombre proviene del autor de la Ley Keogh (HR-10), según la cual las aportaciones a este tipo de planes reciben un tratamiento fiscal favorable. (*Véase* planes de jubilación individual)

**póliza** (*policy*) En el campo de los seguros, el instrumento escrito en el cual se expone un contrato de seguro.

**póliza abierta** (*blanket policy*) Cubre a varios individuos expuestos a los mismos riesgos, por ejemplo, a los miembros de un equipo deportivo, a funcionarios de una compañía que son pasajeros en el mismo avión de la compañía, etcétera. (*Véase* póliza colectiva)

**póliza colectiva** (*blanket policy*) (*Véase* póliza abierta)

**póliza complementaria de gastos médicos mayores** (*supplementary major medical policy*) Plan de seguro de enfermedad que cubre los gastos médicos no incluidos en una póliza básica y mismos que exceden los límites de la misma.

**póliza complementaria del Medicare** (*Medicare supplement policy*) Seguro de enfermedad que proporciona cobertura para llenar las lagunas de la cobertura del Medicare.

**póliza de asistencia de largo plazo** (*long term care policy*) Póliza de seguro de enfermedad que proporciona beneficios de indemnización diaria por reclusión con cuidados amplios.

**póliza de declaración** (*declaration policy*) Póliza que cubre las declaraciones de existencias de inventario, llevadas a cabo por lo regular cada mes, debido a lo variable de las mismas.

**póliza de enfermedad temida** (*dread disease policy*) (*Véase* póliza de riesgo limitado; seguro de enfermedades específicas; póliza de riesgos especiales)

**póliza de gastos médicos básicos** (*basic medical expense policy*) Póliza de seguro de enfermedad que proporciona beneficios de

"primer pago" para asistencia médica específica (y limitada), como hospitalización, cirugía o servicios médicos. Se caracteriza por tener periodos de beneficio limitados y límites de cobertura relativamente bajos.

**póliza de gastos médicos mayores** (*major medical expense policy*) Póliza de seguro de enfermedad que proporciona cobertura amplia y altos beneficios por hospitalización, cirugía y servicios médicos. Se caracteriza por tener deducibles y costos compartidos por reaseguro.

**póliza de ingresos familiares** (*family income policy*) Combinación de seguros de vida ordinario y decreciente con periodo de vigencia, que cubre 5, 10, 15 o 20 años. El seguro con periodo de vigencia es suficiente para proporcionar (en muchos casos complementado por los intereses sobre el seguro de vida ordinario) un ingreso mensual específico a partir de la fecha del fallecimiento y hasta el término del periodo de ingresos especificado. La suma principal del seguro ordinario es pagadera cuando cesa el ingreso mensual derivado del seguro con periodo de vigencia o al ocurrir el fallecimiento posterior.

**póliza de mantenimiento familiar** (*family maintenance policy*) Es similar al seguro de ingresos familiares. Combina un seguro ordinario con uno con periodo de vigencia, pero sin la característica de seguro decreciente. Al fallecer el asegurado la póliza estipula el pago de un cierto ingreso durante un plazo fijo de 10, 15 o 20 años, según se haya elegido, a partir de la fecha del fallecimiento (no de la fecha de emisión, como en el caso de la póliza de ingresos familiares), con el pago de la suma principal del seguro ordinario al final del periodo fijo. (*Véase* póliza de protección familiar)

**póliza de plan familiar** (*family plan policy*) Plan de protección para toda la familia, con seguro permanente sobre la vida del principal sostén económico y con cobertura automática del cónyuge y de los hijos por montos menores de protección, por lo general con periodo de vigencia; todo incluido a cambio de una sola prima.

**póliza de protección familiar** (*family protection policy*) (*Véase* póliza de mantenimiento familiar)

**póliza de protección múltiple** (*multiple protection policy*) Combinación de coberturas de seguro de vida total y con periodo de vigencia que paga cierto múltiplo del monto nominal de la parte de seguro de vida total básico (como $10 al mes por cada $1,000, por ejemplo) a lo largo del periodo de protección múltiple (por ejemplo, hasta la edad de 65 años).

**póliza de riesgo limitado** (*limited risk policy*) Proporciona cobertura de clases específicas de accidentes o enfermedades, por ejemplo, lesiones recibidas a consecuencia de accidentes de viaje o gastos médicos ocasionados por una enfermedad específica.

(*Véase* póliza de riesgos especiales; póliza de enfermedad temida; seguro de enfermedades específicas)

**póliza de riesgos especiales** (*special risk policy*) Proporciona cobertura de riesgos poco comunes que por lo regular no están cubiertos por los seguros de accidentes y enfermedad, por ejemplo, el caso de un pianista que asegura sus manos por un millón de dólares. (*Véase* póliza de riesgo limitado; póliza de enfermedad temida; seguro de enfermedades específicas)

**póliza maestra** (*master policy*) Se emite a nombre del patrón bajo un plan de grupo; contiene todas las cláusulas de aseguramiento que definen las prestaciones para los empleados. Los participantes en el plan de grupo reciben certificados individuales que describen los puntos más destacados de la cobertura. También se le conoce como contrato maestro.

**póliza mancomunada con último sobreviviente** (*joint and last survivor policy*) Variante de la póliza de seguro de vida mancomunada que cubre dos vidas pero paga el beneficio al fallecer el segundo asegurado.

**póliza mancomunada de seguro de vida** (*joint life policy*) Póliza que cubre dos o más vidas y estipula el pago del producto a los demás asegurados al fallecimiento del primero, momento en el cual la póliza termina automáticamente.

**póliza pagada** (*paid-up policy*) No se pagarán más primas y la compañía es responsable del pago de los beneficios estipulados en el contrato.

**pólizas de accidentes en viajes** (*travel-accident policies*) Están limitadas a indemnizaciones por accidentes durante viajes, por lo general realizados por medio de compañías de transportes comunes.

**pólizas limitadas** (*limited policies*) Restringen los beneficios a accidentes o enfermedades específicas, por ejemplo, pólizas de viaje, pólizas de enfermedad temida, pólizas de boleto, etcétera.

**portador** (*carrier*) Otro término para designar a la aseguradora o a la entidad responsable del pago de beneficios al amparo de una póliza de seguro; una aseguradora "carga con" el riesgo en favor del tenedor de la póliza.

**precertificación** (*precertification*) Aprobación por parte de la aseguradora de que un asegurado sea admitido en un hospital. Muchas pólizas de enfermedad requieren de precertificación como parte de un esfuerzo para regular los costos. (*Véase* administración de costos médicos; administración de casos; segunda opinión obligatoria; cirugía ambulatoria; autorización)

**preclusión** (*estoppel*) Impedimento legal para negar las consecuencias de las acciones u obras propias si las mismas conducen a acciones perjudiciales por parte de terceros.

**Presbyterian Minister's Fund** La compañía de seguros de vida más antigua existente; fundada en 1759 como "compañía para el alivio de los ministros presbiterianos pobres y afligidos y de las viudas e hijos pobres y afligidos de ministros presbiterianos".

**prescripción** (*expiration*) Las acciones que se derivan de un contrato de seguros prescribirán a los dos años de haber terminado la vigencia del mismo.

**préstamo de póliza** (*policy loan*) En un seguro de vida, es un préstamo que la compañía de seguros hace al tenedor de la póliza, asignando el valor efectivo de la misma como garantía. Una de las opciones normales de pérdida nula.

**prima** (*premium*) Pago periódico que se requiere para mantener en vigor una póliza de seguro.

**prima adicional fija permanente** (*permanent flat extra premium*) Cargo fijo que se agrega por cada $1,000 de seguro por riesgos de nivel inferior.

**prima adicional fija temporal** (*temporary flat extra premium*) Cargo fijo por cada $1,000 de seguro que se agrega a los riesgos de nivel inferior por un número específico de días. (*Véase* cargo fijo)

**prima bruta** (*gross premium*) Prima total pagada por el tenedor de la póliza; generalmente consiste en la prima neta más los gastos de la operación menos los intereses.

**prima neta** (*net premium*) Se calcula con base en una tabla de mortalidad determinada y una cierta tasa de interés, sin dar un margen de sobreprima.

**prima nivelada** (*level premium*) Prima que no varía durante la vigencia de la póliza. Para lograr ese equilibrio se cobra un poco más al principio de la vigencia y la diferencia se invierte con la reserva, cubriendo el aumento de edad del asegurado y el costo de mortalidad futuro.

**Primeros Auxilios** (*First Aid*) Atención médica preliminar cubierta por la póliza antes de una evaluación definitiva.

**principal** (*principal*) Compañía de seguros que, habiendo designado a alguien como su agente, está obligada por los contratos que el agente establece a su nombre.

**privilegio de conversión** (*conversion privilege*) Permite al tenedor de una póliza de seguro original, antes de la expiración de la misma, optar por la emisión de una nueva póliza que dé continuidad a la cobertura del seguro. La conversión se puede llevar a cabo a la edad alcanzada (las primas se basan en la edad alcanzada en el momento de la conversión) o a la edad original (las primas se basan en la edad que se tenía en el momento de la emisión original). (*Véase* plan de seguro convertible)

**producto** (*proceeds*) Cantidad neta de dinero pagadera por la compañía al fallecer el asegurado o al vencimiento de la póliza. (*Véase* suma asegurada)

**productor** (*producer*) Término general que se aplica a un agente, corredor, agente general productor personal, solicitante u otra persona que vende seguros.

**productos no terminados** (*unfinished goods*) Materia prima que ha sufrido alguna transformación voluntaria, dentro de un proceso de producción, sin haber llegado éste a su fin.

**productos terminados** (*finished goods*) Producto final objeto del negocio, listo para empacar, embarcar o vender.

**promotorías** (*career agency system*) (*Véase* sistema de agencia de carrera)

**proporción indemnizable** (*insurable proportion*) En seguros contra daños, si en el momento del siniestro los bienes son superiores a la suma asegurada, la compañía responderá de manera proporcional al daño causado.

**propósito legal** (*legal purpose*) En la legislación sobre contratos, el requisito de que el objeto o razón del contrato debe ser legal.

**propuesta** (*proposal*) La Ley General de Instituciones de Seguros establece que las compañías aseguradoras deben contar con papelería autorizada por la H. Comisión Nacional de Seguros y Fianzas, como son los formatos para solicitudes, pólizas, endosos, etcétera.

**proveedor de servicios** (*service provider*) Organización que proporciona cobertura de seguro de enfermedad mediante contratos con proveedores de servicios, con el fin de brindar servicios médicos a sus suscriptores, quienes pagan por adelantado por medio de primas. Son ejemplos de este tipo de coberturas las organizaciones para el mantenimiento de la salud y los planes de Blue Cross y Blue Shield.

**proyección actuarial** (*consideration clause*) (*Véase* cláusula de consideración)

**prueba de asegurabilidad** (*evidence of insurability*) Toda declaración o prueba del estado físico, ocupación, etc. del solicitante de un seguro que afecte su aceptación. (*Véase* cuestionario médico)

**prueba de pérdida** (*proof of loss*) Disposición obligatoria en los seguros de enfermedad que estipula que el asegurado debe entregar una forma de reclamación requisitada a la aseguradora a más tardar 90 días después de la fecha de la pérdida. (*Véase* informe médico de siniestro)

# R

**Railway Passengers Assurance Company**
Fundada en 1848, esta compañía representó el primer intento real de proteger al público en general contra accidentes mediante la suscripción de "seguros de boleto" para pasajeros de ferrocarril, contra lesiones o muerte mientras viajan por este medio de transporte.

**razón de exclusión** (*exclusion ratio*) Fracción que sirve para determinar el monto de los ingresos anuales por seguro de renta exentos del impuesto federal sobre la renta. La razón de exclusión es el cociente de las aportaciones o inversiones totales en el seguro de renta entre la razón esperada.

**reaseguro** (*reinsurance*) Aceptación por parte de una o más aseguradoras, llamadas reaseguradoras, de una parte del riesgo suscrito por otra aseguradora que ha establecido un contrato por la cobertura total. (*Véase* reaseguro facultativo; reaseguro por acuerdo)

**reaseguro facultativo** (*facultative reinsurance*) Reaseguro de riesgos individuales a elección de la reaseguradora. (*Véase* reaseguro; reaseguro por acuerdo)

**reaseguro por acuerdo** (*treaty reinsurance*) Convenio según el cual dos o más aseguradoras convienen en compartir riesgos de aseguramiento grandes; la reaseguradora reasegura automáticamente los riesgos de cierto tipo suscritos por la otra, según el convenio. (*Véase* reaseguro; reaseguro facultativo)

**recibo cobertura de vida** (*binder*) (*Véase* cobertura provisional; nota de cobertura)

**recibo condicionado**
(*conditioned receipt*) Se entrega al tenedor de la póliza cuando paga una prima en el momento de la solicitud. Este tipo de recibo obliga a la compañía de seguros si el riesgo se aprueba conforme se solicitó, sujeto a cualesquiera otras condiciones señaladas en el recibo. (*Véase* recibo provisional)

**recibo de aprobación** (*approval receipt*) De uso muy poco frecuente en la actualidad; es un tipo de recibo condicional que estipula que la cobertura entra en vigor a partir de la fecha de aprobación de la solicitud (antes de la entrega de la póliza).

**recibo de asegurabilidad**
(*insurability receipt*) Tipo de recibo condicionado que hace efectiva la cobertura en la fecha en que se firmó la solicitud o en la fecha del examen médico (lo que sea más reciente), siempre y cuando el solicitante pruebe ser asegurable.

**recibo de inspección**
(*inspection receipt*) Recibo que se obtiene de un solicitante de un seguro cuando se deja en sus manos una póliza (sobre la cual aún no se ha pagado la primera prima) para que la inspeccione. El recibo señala que el seguro no está en vigor y que la póliza ha sido entregada únicamente con fines de inspección.

**recibo provisional** (*conditioned receipt*) (*Véase* recibo condicionado)

**recibo vinculante** (*binding receipt*) Lo da la compañía al recibir el primer pago de prima del solicitante. La póliza, en caso de aprobarse, entra en vigor a partir de la fecha del recibo. (*Véase* convenio de seguro temporal)

**red médica afiliada** (*preferred provider organization; PPO*) (*Véase* organización de proveedores preferentes; asistencia administrada; red médica en convenio; organización de proveedores exclusivos)

**red médica en convenio**
(*exclusive provider organization; EPO*) (*Véase* organización de proveedores exclusivos; asistencia administrada; organización de

proveedores preferentes; red médica afiliada)

**reemplazo** (*replacement*) Acto de sustituir una póliza de seguro de vida por otra; se puede hacer legalmente en ciertas condiciones. (*Véase* conmutación; cambio de plan; tergiversación)

**refrendo** (*renewal*) Reconfirmación de la autorización a un agente de seguros para seguir actuando como intermediario por plazos determinados.

**regla de los tres años** (*three-year rule*) En la legislación fiscal estatal, esta regla incorpora a la sucesión bruta el valor de toda póliza de seguro de vida en la cual el difunto haya tenido incidentes de propiedad si la póliza se transfirió dentro de los tres años posteriores a su muerte.

**regla de prueba de palabra** (*parole evidence rule*) Regla de la ley de contratos que incluye todas las declaraciones verbales en el contrato escrito y rechaza todo cambio o modificación del contrato por prueba oral.

**regla per capita** (*per capita rule*) El producto de una póliza por fallecimiento se divide por igual entre los beneficiarios primarios vivos.

**regla per stirpes** (*per stirpes rule*) El producto de una póliza de seguro por fallecimiento se divide por igual entre los beneficiarios nombrados. Si un beneficiario nombrado ha fallecido, su parte se entrega a sus descendientes vivos. (*Véase* beneficiarios por partes iguales)

**reinstalación** (*reinstatement*) Poner de nuevo en vigor una póliza que ha sido cancelada proporcionando pruebas satisfactorias de asegurabilidad y pagando las primas vencidas necesarias.

**reinstalación** (*restoration*) Mediante pacto previo, en las pólizas en caso de siniestro en las que se disminuya la suma asegurada para la indemnización, se reinstalará la misma en forma automática, sin menoscabo de la protección al asegurado.

**renovación garantizada** (*re-entry option*) (*Véase* opción de renovación)

**renta por incapacidad** (*accidental bodily injury provision*) (*Véase* cláusula de lesiones corporales accidentales; disposición de resultados)

**rentista** (*annuitant*) Persona que tiene derecho a recibir los pagos de un seguro de renta, o persona que tiene derecho a recibir pagos posteriores en tanto continúe con vida. (*Véase* beneficiario)

**renuncia** (*waiver*) Convenio por el que se exime de responsabilidad a la compañía respecto a un cierto tipo o tipos de riesgo que ordinariamente están cubiertos en la póliza; abandono voluntario de un derecho legal conferido.

**reposición en especie** (*replacement in kind*) La aseguradora podrá reponer los bienes perdidos o dañados que se deterioran con el uso con otros de igual clase o calidad.

**requisitos de cobertura** (*coverage requirements*) Normas de cobertura que impiden que un plan para el retiro discrimine en favor de empleados altamente remunerados. Los planes deben pasar una prueba de cobertura del IRS (la autoridad fiscal) para ser considerados como calificados.

**requisitos de selección** (*participation standards*) (*Véase* normas de participación)

**resarcimiento** (*compensation*) La aseguradora tiene tres alternativas para resarcir el daño al asegurado: a) reparar el daño, b) reponer el bien dañado, o c) adquirir el bien dañado, tomándoselo al asegurado por el valor estimado del mismo.

**reserva** (*reserve*) Fondo que tiene la compañía para ayudar a satisfacer reclamaciones futuras.

**reserva legal** (*legal reserve*) Las reservas de las pólizas se mantienen de conformidad con los niveles normales establecidos por medio de las leyes de seguros de los diversos estados.

**responsabilidad civil o riesgos profesionales por**

**los ocupantes del vehículo** (*liability or professional risk for occupants of the vehicle*) Cubre las responsabilidades profesionales cuando los ocupantes del vehículo son trabajadores permanentes o temporales de la compañía asegurada, en lo que se refiere a las lesiones o daños sufridos durante el siniestro. Para este efecto, las sumas aseguradas han sido pactadas con anterioridad.

**retención** (*retention*) En los seguros, término que se utiliza para mantener una póliza en vigor y "en libros".

**retroactividad** (*back dating*) Práctica de hacer efectiva una póliza en una fecha anterior a la presente.

**revisión de la utilización** (*utilization review*) Técnica que utilizan los proveedores de asistencia médica para determinar *a posteriori* si la asistencia médica fue idónea y eficaz.

**revocación** (*revocation*) Suspensión de la autorización a los agentes de seguros para fungir como intermediarios en las operaciones de seguros.

**riesgo** (*risk*) Incertidumbre respecto a posibles pérdidas; probabilidad de que un asegurado o un prospecto sufra una pérdida.

**riesgo de nivel inferior** (*substandard risk*) Persona que se considera como riesgo de seguro inferior al promedio o con problemas a causa de su condición física, antecedentes familiares o personales de enfermedades, ocupación, residencia en climas insalubres o hábitos peligrosos. (*Véase* clase especial; riesgo subnormal; seguro de riesgos subnormales; riesgos subnormales)

**riesgo especulativo** (*speculative risk*) Tipo de riesgo que implica la posibilidad tanto de pérdida como de ganancia; no asegurable.

**riesgo fuera de política** (*uninsurable risk*) (*Véase* riesgo no asegurable)

**riesgo no asegurable** (*uninsurable risk*) Riesgo no aceptable para ser cubierto por un seguro por ser excesivo. (*Véase* riesgo fuera de política)

**riesgo normal** (*standard risk*) Persona que, de acuerdo con las normas de colocación de la compañía, puede gozar de la protección de un seguro, sin calificaciones adicionales o restricciones especiales.

**riesgo preferente** (*preferred risk*) Riesgo que representa una persona cuya condición física, ocupación, modo de vida y otras características indican un prospecto de longevidad para vidas incólumes de la misma edad.

**riesgo puro** (*pure risk*) Tipo de riesgo que implica únicamente la probabilidad de pérdida; no hay oportunidad de obtener ganancias; asegurable.

**riesgo subnormal** (*substandard risk*) (*Véase* riesgo de nivel inferior; clase especial; seguro de riesgos subnormales; riesgos subnormales)

**riesgos algodoneros** (*cotton insurance*) Endoso muy particular que puede cubrir todos los riesgos inherentes al ramo de incendio y otros siniestros posibles respecto a este producto.

**riesgos compartidos** (*coordination of benefits [COB] provision*) (*Véase* cláusula de coordinación de beneficios; CDB)

**riesgos subnormales** (*impaired risk*) Son aquellos que por las características específicas del asegurado exceden los niveles normales; requieren una evaluación especial para su aceptación y cotización adecuada. (*Véase* riesgo de nivel inferior; clase especial; seguro de riesgos subnormales; riesgo subnormal)

**robo total del vehículo** (*total theft of the vehicle*) Es una cobertura fundamental de la póliza, por desgracia de alto riesgo en la actualidad. Puede contratarse con diferentes deducibles y condiciones y cubre el robo total del vehículo.

**rotura de cristales** (*glass insurance*) Esta cobertura funciona por daños ocasionados a terceros o sufridos por los propios asegurados, quedando a cargo un deducible pactado con anterioridad.

**rotura de cristales en la póliza de automóviles** (*auto glass* *insurance*) En la rotura de cristales no cubierta por otras pólizas, el asegurado pagará el 20 por ciento del valor de los cristales a reponer.

**S**

**salario mensual promedio; SMP** (*average monthly wage; AMW*) Base salarial promedio para el cálculo de prácticamente todas las prestaciones de Seguridad Social antes de 1979. (*Véase* salario mínimo global mensual)

**salario mínimo global mensual** (*average monthly wage; AMW*) (*Véase* salario mensual promedio)

**salvamentos** (*abandonment and salvage*) Al pagar la aseguradora el valor del vehículo en caso de siniestro, tendrá derecho a disponer de los salvamentos y de cualquier recuperación, con excepción del equipo especial que no estuviera asegurado.

**segunda opinión médica** (*mandatory second opinion*) (*Véase* segunda opinión obligatoria; administración de costos médicos; administración de casos; precertificación; cirugía ambulatoria)

**segunda opinión obligatoria** (*mandatory second opinion*) Con el propósito de controlar sus costos, muchas pólizas estipulan que, para tener derecho a los beneficios, el asegurado debe obtener una segunda opinión antes de que se le practique una cirugía que no ponga en peligro su vida. (*Véase* segunda opinión médica; administración de costos médicos; administración de casos; precertificación; cirugía ambulatoria)

**Seguridad Social** (*Social Security*) Programas creados por primera vez por el Congreso de Estados Unidos en 1935 y que en la actualidad se componen de Seguro de Vejez, Sobrevivientes e Invalidez (SVSI u OASDI), Medicare, Medicaid y diversos subsidios, y que brindan seguridad económica a prácticamente todas las personas que tienen un empleo.

**seguro** (*insurance*) Instrumento social para reducir al mínimo el riesgo de incertidumbre respecto a una pérdida mediante la distribución del riesgo en un número suficientemente grande de exposiciones similares, con el fin de predecir la probabilidad individual de una pérdida.

**seguro a corto plazo** (*preliminary term insurance*) (*Véase* seguro preliminar con periodo de vigencia)

**seguro a primer riesgo** (*first risk insurance*) Es la cantidad que, independientemente de la cantidad asegurada total de la póliza, pagará la aseguradora al asegurado en caso de siniestro, sin importar deducibles o condiciones de la misma.

**seguro ajustable** (*increasing term insurance*) (*Véase* seguro creciente con periodo de vigencia; cláusula adicional de costo de vida; cláusula de inflación)

**seguro ajustable al INPC** (*indexed whole life*) (*Véase* vida total indizada)

**seguro amplio de gastos médicos mayores** (*comprehensive major medical insurance*) Tiene el propósito de brindar la protección que ofrece tanto una póliza de gastos médicos básicos como una póliza de gastos médicos mayores. Se caracteriza por tener un monto deducible pequeño, cláusula de coaseguro y altos beneficios máximos.

**seguro autofinanciable** (*fully funded*) (*Véase* totalmente consolidado)

**seguro colectivo contractual** (*qualified plan*) (*Véase* plan calificado)

**seguro con partipación de dividendos** (*participating*) (*Véase* participativo)

**seguro con periodo de vigencia** (*term insurance*) Protección durante un número limitado de años; expira sin valor si el asegurado sobrevive al periodo establecido, el cual puede ser de uno o más años, pero normalmente es de 5 a 20 años, porque por lo general este tipo de periodo cubre las necesidades de protección temporal. (*Véase* seguro de vida temporal)

**seguro con periodo de vigencia ampliado** (*extended term insurance*) Opción de pérdida nula que estipula el uso del valor de rescate de una póliza como prima única neta a la edad alcanzada del asegurado para adquirir un seguro con periodo de vigencia por el monto nominal de la póliza, menos el adeudo, por un periodo tan largo como sea posible, pero no mayor que el periodo de vigencia de la póliza original.

**seguro con periodo de vigencia renovable al año** (*yearly renewable term insurance; YRT*) (*Véase* vigencia renovable anualmente)

**seguro contra errores y omisiones** (*errors and omissions insurance*) Seguro de responsabilidad profesional que protege al asegurado contra reclamaciones por servicios que ha prestado o dejado de prestar el mismo. (*Véase*

seguro de responsabilidad civil profesional; seguro de responsabilidad profesional)

**seguro contra la responsabilidad** (*liability insurance*) La compañía aseguradora se obliga a pagar la indemnización que el asegurado deba a un tercero a consecuencia de un hecho que cause un daño previsto en el contrato.

**seguro creciente con periodo de vigencia** (*increasing term insurance*) Seguro de vida con periodo de vigencia en el cual el beneficio por muerte aumenta de manera periódica a lo largo de la vigencia de la póliza. Normalmente se adquiere como cláusula adicional de costo de vida de una póliza de vida total. (*Véase* cláusula adicional de costo de vida; seguro ajustable; cláusula de inflación)

**seguro crediticio de grupo** (*group credit insurance*) Forma de seguro de grupo emitido por una compañía de seguros a un acreedor para cubrir la vida de los deudores por el monto de sus adeudos. (*Véase* seguro de grupo de deudores; plan de aportación; seguro de grupo o colectivo)

**seguro de accidentes y enfermedad** (*accident and health insurance*) Seguro a cuyo amparo los beneficios son pagaderos en caso de enfermedad, lesión accidental o muerte accidental. También se le conoce como seguro de enfermedad, seguro personal de enfermedad y seguro de enfermedades y accidentes.

**seguro de automóviles particulares** (*private automobile insurance*) Cubre básicamente daños materiales al vehículo, robo, daños a terceros y varias coberturas opcionales a elección.

**seguro de crédito por accidente y enfermedad** (*credit accident and health insurance*) Si el deudor asegurado queda totalmente inválido a causa de un accidente o enfermedad, las primas de la póliza se pagan durante el periodo de invalidez o hasta que se liquida el préstamo. La póliza puede ser individual o de grupo. (*Véase* cláusula de exención de primas por invalidez)

**seguro de depósito mínimo** (*minimum deposit insurance*) Póliza de seguro de vida con valor efectivo, que tiene un valor de préstamo de primer año disponible para préstamo inmediato una vez efectuado el pago de la prima del primer año.

**seguro de derrama** (*assessment insurance*) Plan por el cual, o bien el monto del seguro es variable, o el número y monto de las derramas son variables. Lo ofrecen las asociaciones de derrama, ya sea en forma pura o por adelantado.

**seguro de deudores** (*credit life insurance*) (*Véase* seguro de vida crediticio)

**seguro de enfermedad** (*health insurance*) Seguro contra pérdidas por enfermedad o lesión corporal accidental. También se le conoce como seguro de accidentes y enfermedad o de invalidez.

**seguro de enfermedad empresarial** (*business health insurance*) Se emite principalmente para indemnizar a una empresa por la pérdida de los servicios de un empleado clave, socio o accionista activo y cercano de la compañía.

**seguro de enfermedades específicas** (*specified disease insurance*) (*Véase* póliza de riesgo limitado; póliza de enfermedad temida)

**seguro de franquicia** (*franchise insurance*) Plan de seguro de vida o de enfermedad para cubrir a grupos de personas con pólizas individuales uniformes en cuanto a disposiciones, aunque quizá difieran en los beneficios. El ofrecimiento de incorporación se hace normalmente en la empresa de un patrón y con el consentimiento del mismo. Por lo general se suscribe para grupos pequeños que no reúnen los requisitos para la cobertura de grupo normal. Se le llama también seguro mayorista cuando la póliza es de seguro de vida. (*Véase* seguro mayorista)

**seguro de gastos dentales** (*dental insurance*) Forma relativamente nueva de cobertura de seguro de enfermedad, que por lo general se ofrece a grupos y que cubre los costos del mantenimiento dental normal, así como los de cirugía oral y de terapia de endodoncia.

**seguro de gastos generales** (*overhead insurance*) Tipo de seguro de invalidez de corto plazo que reembolsa al asegurado gastos mensuales fijos y específicos, normales y acostumbrados para el funcionamiento de la empresa del asegurado.

**seguro de gastos generales empresariales** (*business overhead expense insurance*) Forma de cobertura de ingresos por invalidez cuyo propósito es pagar los gastos generales necesarios del negocio, como el alquiler, por ejemplo, en caso de invalidez del propietario del negocio asegurado.

**seguro de gastos hospitalarios** (*hospital expense insurance*) Beneficios de seguro de enfermedad sujetos a un máximo diario específico durante un periodo determinado mientras el asegurado está recluido en un hospital, más un complemento hasta una cantidad específica por gastos diversos de hospital, como sala de operaciones, anestesia, honorarios de laboratorio, etc. También se le conoce como seguro de hospitalización. (*Véase* seguro de gastos médicos)

**seguro de gastos médicos** (*medical expense insurance*) Paga beneficios por honorarios médicos no quirúrgicos y por atenciones que se brindan comúnmente en un hospital; en ciertos casos paga visitas domiciliarias y en la oficina. (*Véase* seguro de gastos hospitalarios)

**seguro de gastos quirúrgicos** (*surgical expense insurance*) Ofrece beneficios para el pago del costo de operaciones quirúrgicas.

**seguro de grupo** (*group insurance*) Seguro que proporciona cobertura a un grupo de personas, por lo regular empleados de una compañía, al amparo de un contrato maestro.

**seguro de grupo de deudores** (*group credit insurance*) (*Véase* seguro crediticio de grupo; seguro de grupo o colectivo; plan de aportación; plan sin aportaciones; seguro de grupo por prestación contractual)

**seguro de grupo o colectivo** (*contributory plan*) (*Véase* plan de aportación; plan sin aportaciones; seguro crediticio de grupo; seguro de grupo de deudores; seguro de grupo por prestación contractual)

**seguro de grupo por prestación contractual** (*noncontributory plan*) (*Véase* plan sin aportaciones; plan de aportación; seguro de grupo o colectivo; seguro de grupo de deudores; seguro crediticio de grupo)

**seguro de hombre clave** (*business continuation plan*) (*Véase* plan de continuidad de empresa; seguro de persona clave)

**seguro de incendio** (*fire insurance*) Cubre daños y pérdidas ocasionados por incendio, fulminación o accidente de naturaleza semejante.

**seguro de ingresos por invalidez** (*disability income insurance*) Tipo de cobertura de seguro de enfermedad que estipula el pago de ingresos periódicos regulares en caso de invalidez del asegurado por enfermedad o accidente. (*Véase* seguro de renta por invalidez)

**seguro de la vista** (*vision insurance*) Cobertura opcional en los planes de seguro de enfermedad de grupo, que suele pagar los cargos en los que se incurre durante los exámenes de la vista; por lo general se excluyen las gafas y los lentes de contacto.

**seguro de menores** (*juvenile insurance*) (*Véase* seguro juvenil)

**seguro de pensión** (*accumulation unit*) (*Véase* unidad de acumulación)

**seguro de pérdida de utilidades esperadas** (*loss of expected income*) Consiste en proteger el rendimiento que se hubiera obtenido de no ocurrir un siniestro.

**seguro de persona clave** (*key-person insurance*) Protección de una empresa contra pérdidas financieras causadas por el fallecimiento o invalidez de un miembro vital de la compañía, por lo general

una persona poseedora de pericia o habilidades gerenciales o técnicas especiales. (*Véase* seguro de hombre clave)

**seguro de prima nivelada** (*level premium funding method*) (*Véase* método de financiamiento por prima uniforme)

**seguro de prima única** (*single-premium whole life insurance*) (*Véase* seguro de vida total con prima única)

**seguro de renta** (*annuity*) Contrato que proporciona una suma estipulada pagadera a ciertos intervalos regulares durante la vida de una o más personas, o pagadera durante un periodo específico únicamente. (*Véase* cláusula adicional de renta)

**seguro de renta con periodo cierto** (*period certain annuity*) Opción de ingresos por seguro de renta que garantiza un periodo mínimo definido de pagos.

**seguro de renta de reembolso** (*refund annuity*) Estipula la continuación del pago de renta durante toda la vida del rentista y, en todo caso, hasta que la compañía haya efectuado un pago total equivalente al precio de adquisición.

**seguro de renta de reembolso a plazos** (*installment refund annuity*) Opción de ingresos de seguro de renta que estipula que los fondos restantes al fallecimiento del rentista se pagarán al beneficiario en forma de pagos continuados de seguro de renta.

**seguro de renta de reembolso en efectivo** (*cash refund annuity*) Estipula que, en caso de fallecer el rentista antes de que se hayan hecho pagos equivalentes al total del precio de adquisición, el excedente del monto pagado por el comprador respecto a los pagos totales de seguro de renta recibidos se pagará en forma de una suma única a los beneficiarios designados.

**seguro de renta diferido** (*deferred annuity*) Estipula que la entrada en funciones de un seguro de renta se pospondrá hasta después de un periodo especificado o hasta que el rentista alcance una edad determinada. Se puede adquirir con base en una sola prima o en primas flexibles.

**seguro de renta fija** (*fixed annuity*) Tipo de seguro de renta que ofrece como beneficio una cantidad fija garantizada, pagadera durante toda la vida del rentista.

**seguro de renta inmediata** (*immediate annuity*) Estipula el pago de un beneficio de seguro de renta a un intervalo de pago a partir de la fecha de adquisición. Sólo se puede adquirir por medio de un único pago.

**seguro de renta mancomunado reversible** (*joint and survivor annuity*) Cubre dos o más vidas y continúa en vigor en tanto cualquiera de los asegurados sobreviva.

**seguro de renta por invalidez** (*disability income insurance*) (*Véase* seguro de ingresos por invalidez)

**seguro de renta protegido contra impuestos** (*tax-sheltered annuity*) Plan de seguro de renta reservado para organizaciones no lucrativas y sus empleados.

Los fondos aportados al seguro se excluyen del ingreso corriente gravable y pagan impuestos más adelante, cuando se comienzan a pagar los beneficios. También se le llama seguro de renta con impuestos diferidos y plan 403(b).

**seguro de renta variable** (*variable annuity*) Similar a un seguro de renta fija tradicional en cuanto a que los pagos por jubilación se hacen de manera periódica al rentista, por lo regular durante el resto de su vida. En el seguro de renta variable no se garantiza el monto de los pagos en dinero; los mismos fluctúan de acuerdo con el valor de una cuenta invertida principalmente en acciones ordinarias.

**seguro de renta vitalicia** (*life annuity*) Pagadero durante toda la vida del rentista. No se estipula devolución garantizada alguna de la parte no utilizada de la prima. (*Véase* seguro de renta vitalicia directo)

**seguro de renta vitalicia directo** (*straight life income annuity; straight life annuity;*

*life annuity*) Opción de ingresos por seguro de renta que paga un ingreso garantizado durante toda la vida del rentista, a cuyo término los pagos se suspenden. (*Véase* seguro de renta vitalicia.

**seguro de responsabilidad civil profesional** (*errors and omissions insurance*) (*Véase* seguro contra errores y omisiones; seguro de responsabilidad profesional)

**seguro de responsabilidad profesional** (*professional liability insurance*) (*Véase* seguro contra errores y omisiones; seguro de responsabilidad civil profesional)

**seguro de riesgos subnormales** (*special class*) (*Véase* clase especial; riesgo de nivel inferior; riesgo subnormal; riesgos subnormales)

**seguro de transporte terrestre** (*land transportation insurance*) Cubre los riesgos de transporte a los que se exponen todos los efectos transportables por los medios propios de la locomoción terrestre:

trenes, camiones, automóviles, etcétera.

**Seguro de Vejez, Sobrevivientes, Invalidez y Hospital; SVSIH** (*Old-Age, Survivors, Disability and Hospital Insurance; OASDHI*) Prestaciones por jubilación, fallecimiento, ingresos por invalidez y seguro de hospital que se brindan dentro del sistema de Seguridad Social.

**seguro de vida** (*life insurance*) Seguro contra pérdidas causadas por el deceso de una persona específica (el asegurado), a cuyo fallecimiento la compañía de seguros acepta pagar una suma o renta determinada al beneficiario.

**seguro de vida ajustable** (*adjustable life insurance*) Este tipo de seguro combina las características de las coberturas tanto a plazo fijo como vitalicia, con la duración de la cobertura y el monto del valor en efectivo acumulado como factores ajustables. Las primas se pueden incrementar o reducir para adaptarse a las necesidades específicas. Este tipo de ajustes no son

retroactivos y se aplican únicamente al futuro. (*Véase* seguro de vida creciente)

**seguro de vida con participación** (*interest-sensitive whole life*) (*Véase* vida total sensible al interés)

**seguro de vida creciente** (*adjustable life insurance*) (*Véase* seguro de vida ajustable)

**seguro de vida crediticio** (*credit life insurance*) Suele redactarse como un seguro decreciente con periodo de vigencia sobre un préstamo a plazos de saldo decreciente relativamente pequeño que puede reflejar un préstamo directo o un saldo vencido por mercancías adquiridas. Si el prestatario muere, los beneficios pagan el saldo vencido. La póliza puede ser individual o de grupo. (*Véase* seguro de deudores; seguro de vida hipotecario)

**seguro de vida de dinero dividido** (*split dollar life insurance*) Arreglo entre dos partes por el que el seguro de vida se suscribe sobre la vida de una de ellas, la cual nombra al beneficiario de

94

los beneficios netos por fallecimiento (beneficios por fallecimiento menos valor efectivo) y a la otra se le asigna el valor efectivo, mientras que ambas partes comparten el pago de las primas.

**Seguro de Vida de Grupo para Militares** (*Servicemembers' Group Life Insurance; SGLI*) Todos los militares en servicio activo están cubiertos automáticamente por un monto específico de este seguro de vida de grupo con periodo de vigencia, a menos que opten por no tener cobertura o tenerla por cantidades menores. El seguro está suscrito por compañías comerciales y el asegurado y el gobierno federal comparten las primas.

**Seguro de Vida de Grupo para Veteranos** (*Veterans Group Life Insurance; VGLI*) Seguro con periodo de vigencia de cinco años, de bajo costo, no renovable pero convertible, al cual se convierte automáticamente el Seguro de Vida de Grupo para Militares (SGLI) en el momento en que un miembro de las fuerzas armadas es dado de baja, separado o liberado del servicio activo. Al final del periodo de cinco años, el veterano puede convertir su VGLI en una póliza individual con cualquier compañía participante en el programa.

**seguro de vida de pago limitado** (*limited pay life insurance*) Forma de seguro de vida total que se caracteriza por el pago de primas sólo durante un número específico o limitado de años.

**Seguro de Vida del Servicio Nacional; SVSN** (*National Service Life Insurance; NSLI*) Creado por el Congreso de Estados Unidos en 1940 para ofrecer pólizas a personas activas en el servicio militar. Las personas que entraron al servicio militar después del 31 de diciembre de 1956 no pueden adquirir este seguro. Sin embargo, aquellas dadas de baja por invalidez relacionada con el servicio pueden adquirirlo dentro de ciertos límites de tiempo.

**seguro de vida entera** (*whole life insurance*) (*Véase* seguro de vida total; seguro de vida total directo)

**seguro de vida hipotecario** (*credit life insurance*) (*Véase* seguro de vida crediticio; seguro de deudores)

**seguro de vida nivelado** (*level term insurance*) (*Véase* seguro uniforme con periodo de vigencia)

**seguro de vida temporal** (*term insurance*) (*Véase* seguro con periodo de vigencia)

**seguro de vida total** (*whole life insurance*) Protección de seguro uniforme y permanente para "toda la vida", desde la emisión de la póliza hasta el fallecimiento del asegurado. Se caracteriza por tener primas uniformes, beneficios uniformes y valor efectivo. (*Véase* seguro de vida total directo; seguro de vida entera)

**seguro de vida total con prima única** (*single-premium whole life insurance*) Seguro de vida total para el cual se paga la prima completa en una sola suma al inicio del periodo del contrato. (*Véase* seguro de prima única)

**seguro de vida total directo** (*straight whole life insurance*) (*Véase* seguro de vida total; seguro de vida entera)

**seguro de vida universal variable** (*variable universal life insurance*) Póliza de seguro de vida que combina las características de los seguros de vida universal y variable. Las pólizas de este tipo contienen pagos de primas no programados y beneficios por fallecimiento y valor efectivo que varían de acuerdo con los fondos subyacentes cuya cartera de inversión es administrada por el tenedor de la póliza. (*Véase* línea universal con incrementos)

**seguro de vida variable** (*variable life insurance*) Ofrece un beneficio mínimo garantizado por fallecimiento. Sin embargo, las prestaciones pagadas reales pueden ser mayores de acuerdo con el valor de mercado fluctuante de las inversiones que respaldan el contrato al fallecimiento del asegurado. Generalmente, el valor de rescate efectivo también fluctúa con el valor de mercado de la cartera de inversión.

**seguro decreciente con periodo de vigencia** (*decreasing term insurance*) Seguro de vida con periodo de vigencia en el cual el valor nominal disminuye poco a poco en etapas programadas, a partir de la fecha en que la póliza entra en vigor y hasta la fecha de su expiración, mientras que la prima se conserva constante. Los intervalos entre reducciones son por lo regular de un mes o de un año.

**seguro hipotecario** (*mortgage insurance*) Uso básico de los seguros de vida, así llamado porque muchos jefes de familia dejan seguros destinados específicamente a liquidar cualquier saldo hipotecario pendiente a su fallecimiento.El seguro suele hacerse pagadero a un beneficiario familiar, no al tenedor de la hipoteca.

**seguro individual** (*individual insurance*) Póliza que proporciona protección a su tenedor, a diferencia de los seguros de grupo y abiertos. También se le llama seguro personal.

**seguro industrial** (*industrial insurance*) Póliza de seguro de vida que proporciona beneficios modestos y un periodo corto de pago de beneficios. Las primas son cobradas semanal o mensualmente por un agente que visita el hogar del asegurado. (*Véase* aseguradora con servicio a domicilio; aseguradora de débitos)

**seguro integral** (*fully insured*) (*Véase* totalmente asegurado)

**seguro juvenil** (*juvenile insurance*) Suscrito sobre la vida de hijos que están dentro de límites de edad específicos y comúnmente sujetos al control de sus padres. (*Véase* seguro de menores)

**seguro marítimo** (*marine insurance*) Se rige por las disposiciones del Código de Comercio (CC) y de la Ley Sobre el Contrato de Seguro (LSCS) en lo que sea compatible con ellas.

**seguro mayorista** (*wholesale insurance*) (*Véase* seguro de franquicia)

**seguro mutualista** (*self-insurance*) (*Véase* autoaseguramiento)

**seguro no médico** (*nonmedical insurance*) Se emite de manera normal sin que se exija un examen médico ordinario. Para dictaminar sobre el riesgo, la compañía se apoya en las respuestas del asegurado a las preguntas referentes a su estado físico y en referencias personales o informes de inspección. (*Véase* seguro sin examen)

**seguro ordinario** (*ordinary insurance*) Seguro de vida de compañías comerciales que no se emite sobre la base semanal; el monto de la protección suele ser de $1,000 o más.

**seguro pagado reducido** (*reduced paid-up insurance*) Opción de pérdida nula que contienen casi todas las pólizas de seguro de vida y que estipula que el asegurado puede optar por que el valor de rescate de la póliza se utilice para comprar una póliza pagada por un monto de seguro inferior. (*Véase* opción de seguro saldado)

**seguro pleno** (*full insurance*) El valor de los bienes es el mismo que la suma asegurada convenida en la póliza.

**seguro preliminar con periodo de vigencia** (*preliminary term insurance*) Seguro con periodo de vigencia anexo a una póliza de seguro de vida permanente recién emitida, que amplía la cobertura con periodo de vigencia a un periodo preliminar de 1 a 11 meses, hasta que el seguro permanente entra en vigor. Su propósito es ofrecer una prima de seguro de vida total y una fecha de aniversario posterior. (*Véase* seguro a corto plazo)

**seguro provisional con periodo de vigencia** (*interim term insurance*) Seguro con vigencia por un periodo de 12 meses o menos por convenio especial con la compañía; permite que una póliza permanente se haga efectiva en una fecha futura elegida.

**seguro renovable a edad alcanzada** (*renewable term*)

(*Véase* periodo de vigencia renovable)

**seguro sin examen** (*non medical insurance*) (*Véase* seguro no médico)

**seguro temporal un año renovable** (*annually renewable term; ART*) (*Véase* vigencia renovable anualmente; seguro con periodo de vigencia renovable al año)

**seguro uniforme con periodo de vigencia** (*level term insurance*) Cobertura con periodo de vigencia en la que el valor nominal permanece constante desde el momento en que la póliza entra en vigor hasta la fecha de su expiración. (*Véase* seguro de vida nivelado)

**selección adversa** (*adverse selection*) Selección "contra la compañía": tendencia de los riesgos asegurables menos favorables a buscar o continuar su aseguramiento en mayor medida que otros. Asimismo, tendencia de los tenedores de pólizas a aprovechar las opciones favorables de los contratos de seguros.

**selección de riesgos** (*risk selection*) Método que la oficina matriz de una aseguradora utiliza para elegir a los solicitantes que la compañía de seguros está dispuesta a aceptar. La aseguradora debe determinar si los riesgos son normales, de nivel inferior o preferentes, y ajustar las tasas de prima en consecuencia.

**síndrome de inmunodeficiencia adquirida; SIDA** (*acquired immune deficiency syndrome; AIDS*) Afección que pone en peligro la vida y que es causada por el virus de inmunodeficiencia humana; las aseguradoras deben apegarse a pautas estrictas de aseguramiento y reclamación en relación con los riesgos de SIDA y las afecciones relacionadas con dicho mal.

**siniestralidad** (*morbidity*) (*Véase* morbilidad)

**siniestro** (*peril*) (*Véase* contingencia)

**sistema de agencia de carrera** (*career agency system*) Método de comercialización, venta y distribución de seguros representado por agencias o sucursales dedicadas al reclutamiento y desarrollo constante de agentes de carrera. (*Véase* promotorías)

**sistema de agencia general productora personal; AGPP** (*personal producing general agency system; PPGA*) Método de comercialización, venta y distribución de seguros en el cual se remunera a agentes generales productores personales (AGPP o PPGA) por ventas que ellos mismos realizan y por ventas que llevan a cabo agentes a los cuales ellos subcontratan. Los agentes subcontratados se consideran empleados del AGPP, no de la aseguradora. (*Véase* agencia general)

**sistema de agencia independiente** (*independent agency system*) Sistema de comercialización, venta y distribución de seguros en el que los corredores independientes no están afiliados a una aseguradora en particular, sino que representan a un número cualquiera de aseguradoras. (*Véase* corredor de seguros; agencia)

**sistema de obligación** (*lien system*) Plan para emitir cobertura de riesgos de nivel inferior. Se paga una prima normal pero existe una obligación contra la póliza para reducir el monto del seguro si el asegurado fallece por una causa que dio origen a la calificación de nivel inferior.

**sobre seguro** (*overinsurance*) El valor de los bienes es menor que la suma asegurada asignada.

**sobreaseguramiento** (*overinsurance*) Cantidad excesiva de seguros; cantidad de seguros que daría como resultado el pago de más que la pérdida real o que los gastos en los que se incurrió.

**sobreprima** (*loading*) Cantidad que se agrega a las primas netas para cubrir los gastos de operación y las contingencias de la compañía; incluye el costo de obtener nuevos negocios, los gastos de cobranza y los gastos administrativos generales.

Con exactitud: excedente de las primas brutas respecto a las primas netas.

**sociedad de personas** (*partnership*) Entidad empresarial que permite que dos o más personas fortalezcan su eficacia trabajando en conjunto como copropietarios.

**solicitud** (*application*) Forma que provee la compañía de seguros, y que por lo general se encargan de llenar el agente y el examinador médico (en su caso) con base en la información recibida del solicitante. Este documento debe llevar la firma del solicitante y forma parte de la póliza de seguro, en caso de emitirse. La solicitud proporciona información al departamento de seguros de la oficina matriz, para que el mismo pueda considerar si se emitirá una póliza de seguro y, de ser así, en qué clasificación y a qué tarifa de prima.

**subrogación** (*subrogation*) Cesión de derechos posible solamente en el ramo de daños.

**subrogación de derechos** (*subrogation of rights*) La aseguradora tomará el lugar del asegurado para defender sus derechos hasta por la cantidad pagada como indemnización contra terceros, así como en sus acciones en contra de los responsables del siniestro.

**sucesión** (*estate*) Su significado más común es la cantidad de riqueza o propiedades a la muerte de una persona.

**suicidio** (*suicide*) Para efectos de pólizas de seguros de vida, si el suicidio ocurre después de dos años de haber sido firmada la póliza, la aseguradora se verá obligada a pagar la suma pactada.

**suma alzada** (*lump sum*) Pago del producto total de una póliza de seguro en una sola suma. Es el método de liquidación que ofrecen la mayoría de las pólizas, a menos que el tenedor o el beneficiario de la póliza opte por otro método de liquidación.

**suma asegurada** (*proceeds*) (*Véase* producto)

**suma asegurada básica** (*face amount*) (*Véase* monto nominal)

**suma máxima asegurada** (*maximum insurable amount*) Cantidad máxima de pago en los siniestros ocurridos.

**suma principal** (*principal sum*) Cantidad pagadera bajo una póliza de muerte accidental y pérdida de miembros como beneficio por fallecimiento si el deceso se debió a un accidente.

**sumas máximas por evento** (*stop-loss provision*) (*Véase* disposición de pérdida limitada)

**superávit** (*surplus*) Monto en el que los activos exceden a los pasivos.

**suscripción** (*underwriting*) Proceso por medio del cual una aseguradora determina si se acepta una solicitud de seguro y en qué condiciones. (*Véase* tramitación)

**suscriptor** (*subscriber*) Tenedor de la póliza de un plan de asistencia médica suscrita por una aseguradora de servicios, por ejemplo, Blue Cross o Blue Shield en Estados Unidos.

**sustancial** (*material*) En cuestiones de seguros, este término significa que algo tiene influencia o efecto, o pertinencia en relación con un asunto que es tan importante como para influir en un resultado o en determinadas acciones.

# T

**tabla de honorarios quirúrgicos** (*schedule*) (*Véase* catálogo; catálogo quirúrgico; escala de valores relativos)

**tabla de mortalidad** (*mortality table*) Listado de la experiencia de mortalidad de los individuos por edad; permite al actuario calcular, en promedio, la expectativa de vida de un hombre o una mujer perteneciente a un grupo de edad determinado. (*Véase* tasa de mortalidad; mortalidad esperada; expectativa de vida; experiencia de siniestralidad; tasa de morbilidad)

**Tabla Ordinaria Estándar del Comisionado** (*Commissioner's Standard Ordinary Table; CSO*) Tabla de mortalidad elaborada con base en la experiencia de la compañía a lo largo de un cierto periodo, reconocida legalmente como base de mortalidad para el cálculo de las reservas máximas sobre pólizas emitidas en años anteriores. La tabla CSO de 1980 reemplazó a la tabla CSO de 1958.

**tablas de porcentajes adicionales** (*extra percentage tables*) Tablas de mortalidad o morbilidad que indican el monto del incremento porcentual de la prima para ciertas condiciones de salud deficiente. (*Véase* extraprimas)

**tasa de morbilidad** (*morbidity rate*) Muestra la incidencia y el grado de invalidez que se puede esperar de un grupo grande y específico de personas; se utiliza para calcular las tarifas de seguros de enfermedad. (*Véase* tabla de mortalidad; esperiencia de siniestralidad; tasa de mortalidad; mortalidad esperada; expectativa de vida)

**tasa de mortalidad** (*death rate*) Proporción de personas de cada grupo de edad que fallecen en el término de un año; generalmente se expresa como un cierto número de muertes por cada mil personas. (*Veáse* mortalidad esperada; tabla de mortalidad; expectativa de vida; experiencia de siniestralidad; tasa de morbilidad)

**tercero administrador; TA** (*third-party administrator; TPA*) Organización externa a los miembros de un grupo de autoaseguramiento que, a cambio de honorarios, procesa las reclamaciones, se encarga del papeleo referente a los beneficios y en muchos casos analiza la información sobre reclamaciones.

**tercero solicitante** (*third-party applicant*) Solicitante de póliza que no es el asegurado potencial. (*Veáse* contratante)

**tergiversación** (*misrepresentation*) Acto de hacer, emitir, poner en circulación, o hacer que se emita o se ponga en circulación un estimado, ilustración, circular o declaración de cualquier tipo que no represente los términos, dividendos o participación del superávit correctos, o el nombre o título de cualquier póliza o clase de pólizas que no refleje en efecto su verdadera naturaleza. (*Veáse* conmutación; reemplazo; cambio de plan)

**término** (*term*) (*Veáse* vigencia)

**territorialidad** (*territorial limits*) Las coberturas amparadas en la póliza de automóviles o camiones se extienden más allá del territorio nacional, exceptuando la de responsabilidad civil y defensa jurídica.

**totalmente asegurado** (*fully insured*) Situación de pleno derecho a la gama completa de prestaciones de Seguridad Social: prestaciones por muerte, prestaciones por jubilación, prestaciones por invalidez y, en Estados Unidos, prestaciones de Medicare (atención médica). (*Veáse* seguro integral)

**totalmente consolidado** (*fully funded*) En un plan para el retiro, situación en la cual los fondos necesarios para cubrir las obligaciones financieras del plan se acumulan en una reserva mientras el plan está en operación. (*Véase* seguro autofinanciable)

**tramitación** (*underwriting*) (*Véase* suscripción)

**transferencia** (*transfer of insured*) Sólo en el caso de los seguros de daños se pueden transferir los seguros, debiendo el asegurado solicitarlo a la aseguradora. La transferencia no procederá si implica agravación del riesgo.

**transportación** (*transportation*) Cubre el riesgo de daños que el vehículo pudiera sufrir al ser trasladado en algún vehículo transportador.

# U

**unidad de acumulación**
(*accumulation unit*) Las primas que un rentista paga a un seguro de renta variable se acreditan como unidades de acumulación. Al final del periodo de acumulación, las unidades de acumulación se convierten en unidades de seguro de renta. (*Véase* seguro de pensión)

**unidad de seguro de renta**
(*annuity unit*) El número de unidades de seguro de renta denota la participación de los fondos que un rentista recibirá de una cuenta de seguro de renta variable una vez que concluye el periodo de acumulación y se inician las prestaciones. Se utiliza una fórmula para convertir las unidades de acumulación a unidades de seguro de renta.

**unilateral** (*unilateral*)
Característica distintiva de un contrato de seguro, referente a que únicamente la compañía de seguros se compromete a algo.

**uso** (*use*) Ningún material expuesto a trabajo o a esfuerzo se conserva exactamente igual con el transcurso del tiempo. El desgaste que experimenta influye de manera determinante en el valor de dicho bien, el cual se establece mediante un avalúo.

**uso del dividendo en compra de seguros temporales**
(*paid-up additions*) (*Véase* adiciones pagadas)

**uso indebido de prima** (*misuse of premium*) Uso incorrecto de las primas cobradas por un productor de seguros. (*Véase* disposición de primas)

# V

**valor al vencimiento** (*maturity value*) Producto pagadero sobre un contrato dotal al término del periodo dotal especificado, o pagadero sobre un contrato de seguro de vida ordinario a la última edad de la tabla de mortalidad si el asegurado sigue con vida al llegar a ella. El valor al vencimiento de una póliza es igual a su monto nominal y al valor de la reserva del contrato en esta fecha de vencimiento. La cantidad real pagadera por la compañía puede aumentar por suma de dividendos o depósitos de dividendos acumulados, o disminuir por préstamos pendientes. (*Véase* valores finales)

**valor convenido** (*valuation agreement*) En el ramo de seguros de barcos, el asegurado y los aseguradores determinan la suma asegurada mediante una valuación conjunta.

**valor de préstamo** (*loan value*) Monto determinable que el tenedor de la póliza puede obtener en préstamo de la compañía emisora utilizando como garantía el valor de la póliza de seguro de vida.

**valor de reposición** (*replacement value*) Costo de construcción, adquisición, instalación o reparación de bienes muebles e inmuebles con elementos de la misma clase, calidad, tamaño y capacidad de producción que los asegurados, sin tomar en cuenta las depreciaciones.

**valor de rescate** (*surrender value*) (*Véase* valor de rescate efectivo)

**valor de rescate efectivo** (*cash surrender value*) Monto disponible para el propietario cuando renuncia a una póliza de seguro de vida en favor de la compañía. Durante los primeros años de la póliza, el valor efectivo es la reserva menos un "cargo por rescate"; en los años posteriores de la póliza, normalmente es igual o casi igual al valor de reserva en el momento del rescate. (*Véase* valor de rescate)

**valor de vida humana** (*human life value*) Valor económico de una persona, medido con base en la suma de sus ingresos futuros dedicados a su familia.

**valor efectivo** (*cash value*) Monto del capital o acumulación de "ahorros" en una póliza de seguro de vida total.

**valor en libros** (*book value*) Llamado algunas veces valor neto en libros, es el costo capitalizado del artículo en cuestión, menos la depreciación considerada para fines contables. Se basa en el método corporativo adoptado para computar la depreciación sobre la vida útil del activo.

**valor factura** (*invoice value*) Precio de factura de un vehículo incluyendo el I.V.A., expedido por agencias distribuidoras reconocidas, en la modalidad de cobertura para vehículos nuevos.

**valor garantizado** (*amount at risk*) (*Véase* monto en riesgo)

**valor justo de mercado** (*fair market value*) Precio que pactan un comprador y un vendedor voluntarios sobre una propiedad, estando enterados de todo lo que a ella se refiere y de su cotización actual.

**valor precio de lista** (*list price value*) Modalidad de cobertura para vehículos nuevos que, en caso de indemnización por accidente o robo, se hace al valor del precio de la lista, o sea, al costo de facturación de las armadoras a las agencias automotrices.

**valor real constante** (*real constant value*) Término usado en pólizas de seguros pero no definido por las compañías de seguros. En muchos estados, la práctica ha sentado que es equivalente al costo de reproducción depreciado de la propiedad asegurada. Otros estados permiten que se aplique la regla general de evidencia en la que pueden considerarse factores de mercado. (*Véase* costo de reproducción)

**valor subjetivo** (*subjective value*) Algunas veces se define como valor estimado para un propietario; es la cantidad que vale el objeto para su propietario, generalmente por razones sentimentales, sin tomar en cuenta el valor que tiene para otro. Un ejemplo puede ser un viejo retrato familiar, una placa o medalla militar, un talón de boleto para una convención nacional, o algún otro recuerdo muy estimado.

**valores finales** (*maturity value*) (*Véase* valor al vencimiento)

**valores garantizados** (*nonforfeiture values*) (*Véase* valores no susceptibles de pérdida)

**valores no susceptibles de pérdida** (*nonforfeiture values*) Beneficios de una póliza de seguro de vida que, por ley, el tenedor de la póliza no pierde aunque interrumpa el pago de las primas; por lo regular el valor efectivo, el valor de préstamo, el valor del seguro pagado y el valor del seguro con periodo de vigencia ampliado. (*Véase* valores garantizados)

**vetustez** (*aging*) Con el paso del tiempo un inmueble se hace viejo y pierde valor aunque se le dé un buen mantenimiento, lo cual debe ser tomado en cuenta por la compañía aseguradora cuando realice el avalúo con fines de aseguramiento.

**vida total acrecentada** (*enhanced whole life*) Póliza de seguro de vida total emitida por una aseguradora mutualista, en la cual los dividendos de la póliza se utilizan para proporcionar beneficios adicionales por muerte o para reducir las primas futuras.

**vida total con prima escalonada** (*graded premium whole life*) Variante del contrato tradicional de vida total que estipula primas inferiores a lo normal durante los primeros años de la póliza, las cuales se incrementan gradualmente cada año. Después del periodo preliminar las primas se estabilizan y permanecen constantes.

**vida total indizada** (*indexed whole life*) Póliza de seguro de vida total cuyo beneficio por muerte aumenta en proporción a la tasa de inflación. Generalmente, este tipo de pólizas están ligadas al Índice Nacional de Precios al Consumidor (INPC o CPI).(*Véase* seguro ajustable al INPC)

**vida total modificado** (*modified whole life*) Seguro de vida total con prima pagadera durante los primeros años, por lo regular cinco, sólo un poco mayor que la tarifa del seguro con periodo de vigencia. En adelante, la prima es más alta por el resto de la vida que la prima del seguro de vida ordinario a la edad original de emisión, pero inferior a la tarifa a la edad alcanzada al momento del cargo.

**vida total sensible al interés** (*interest-sensitive whole life*) Póliza de vida total cuyas primas varían de acuerdo con los supuestos subyacentes de la aseguradora respecto a muerte, inversión y gastos. (*Véase* seguro de vida con participación)

**vida universal** (*universal life*) Contrato en dos partes, con prima flexible, que contiene un seguro con periodo de vigencia renovable y una cuenta de valor efectivo que por lo general gana intereses a una tasa mayor que una póliza tradicional. La tasa de interés es variable. Las primas se depositan en la cuenta de valor efectivo una vez que la compañía deduce sus honorarios y un costo mensual por la cobertura del periodo. (*Véase* línea universal)

**vigencia** (*term*) Periodo comprendido entre la firma del contrato y el momento de su expiración.

**vigencia renovable anualmente; VRA** (*annually renewable term*; ART) Forma de seguro con vigencia renovable que proporciona cobertura por un año y permite al tenedor de la póliza renovar su cobertura cada año sin pruebas de asegurabilidad. También se le conoce como vigencia renovable al año (YRT). (*Véase* seguro con periodo de vigencia renovable al año; seguro temporal un año renovable)

**vistazo gratuito** (*free look*) Cláusula que se exige en la mayoría de los estados, por la cual el tenedor de una póliza dispone de 10 o 20 días para examinar su nueva póliza sin incurrir en obligación alguna. (*Véase* periodo de gracia)

**vuelcos** (*roll*) Seguro que cubre los daños sufridos por un vehículo en volcadura, la cual puede ser ocasionada por distintas causas.

**vuelos no comerciales** (*aviation exclusion*) (*Véase* exclusión de aviación)

inglés-español

**A**

**abandonment and salvage** (*salvamentos*) When an insurance company pays a claim on the total loss of property due to accident, it gains all rights to the insured property and to the proceeds of any partial recovery, with the exception of uninsured special equipment.

**absolute assignment** (*cesión absoluta; beneficiario preferente*) Policy assignment under which the assignee (person to whom the policy is assigned) receives full control over the policy and also full rights to its benefits. Generally, when a policy is assigned to secure a debt, the owner retains all rights in the policy in excess of the debt, even though the assignment is absolute in form. (*See* assignment; collateral assignment)

**accelerated benefits rider** (*cláusula adicional de beneficios acelerados; cobertura de enfermedades graves*) A life insurance rider that allows for the early payment of some portion of the policy's face amount should the insured suffer from a terminal illness or injury.

**acceptance** (*aceptación*) (*See* offer and acceptance)

**accident** (*accidente*) According to Article 474 of the Mexican Insurance Contract Law, accident is defined as any organic injury or functional perturbation, immediate or posterior, or sudden death, due to unforeseen events not under the control of the insured.

**accident and health insurance** (*seguro de accidentes y enfermedad*) Insurance under which benefits are payable in case of disease, accidental injury or accidental death. Also called health insurance, personal health insurance and sickness and accident insurance.

**accidental bodily injury provision** (*cláusula de lesiones corporales accidentales; renta por incapacidad*) Disability income or accident policy provision that requires that the injury be accidental in order for benefits to be payable. (*See* results provision)

**accidental death and dismemberment; AD&D** (*muerte accidental y pérdida de miembros; MAPM*) Insurance providing payment if the insured's death results from an accident or if the insured accidentally severs a limb above the wrist or ankle joints or totally and irreversibly loses his or her eyesight.

**accidental death benefit rider** (*cláusula adicional de beneficio por muerte accidental; doble indemnización por accidente*) A life insurance policy rider providing for payment of an additional benefit related to the face amount of the base policy when death occurs by accidental means.

**accidental dismemberment** (*pérdida accidental de miembros*) Often defined as "the severance of limbs at or above the wrists or ankle joints, or the entire irrevocable loss of sight." Loss of use in itself may or not be considered dismemberment.

**accidental means provision** (*cláusula de causa accidental*) Unforeseen, unexpected, unintended cause of an accident. Requirement of an accident-based policy that the cause of the mishap must be accidental for any claim to be payable.

**accumulation unit** (*unidad de acumulación; seguro de pensión*) Premiums an annuitant pays into a variable annuity are credited as accumulation units. At the end of the accumulation period, accumulation units are converted to annuity units.

**acquired immune deficiency syndrome; AIDS** (*síndrome de inmunodeficiencia adquirida; SIDA*) A life-threatening condition brought on by the human immunodeficiency virus; insurers must adhere to strict underwriting and claims guidelines in regard to AIDS risks and AIDS-related conditions.

**acute illness** (*enfermedad aguda*) A serious condition, such as pneumonia, from which the body can fully recover with proper medical attention.

**adhesion** (*adhesión*) A life insurance policy is a "contract of adhesion" because buyers must "adhere" to the terms of the contract already in existence. They have no opportunity to negotiate terms, rates, values, etc.

**adjustable life insurance** (*seguro de vida ajustable; seguro de vida creciente*) Combines features of both term and whole life coverage with the length of coverage and amount of accumulated cash value as the adjustable factors. Premiums may be increased or decreased to fit the specific needs. Such adjustments are not retroactive and apply only to the future.

**adjustment** (*peritaje*) In the event of any disagreement, a certified claims adjuster will examine the case and determine the correct payment.

**administrative-services-only (ASO) plan** (*plan de servicios administrativos únicamente; SAU; fideicomiso de póliza de vida*) Arrangement under which an insurance company or an independent organization, for a fee, handles the administration of claims, benefits and other administrative functions for a self-insured group.

**admitted insurer** (*aseguradora admitida*) An insurance company that has met the legal and financial requirements for operation within a given state. (*See* licensed insurer)

**adult day care** (*atención diurna a adultos*) Type of care (usually custodial) designed for individuals who require assistance with various activities of daily living, while their primary caregivers are absent. Offered in care centers.

117

**adverse selection** (*selección adversa*) Selection "against the company." Tendency of less favorable insurance risks to seek or continue insurance to a greater extent than others. Also, tendency of policyowners to take advantage of favorable options in insurance contracts.

**Advertising Code** (*Código de Publicidad*) Rules established by the National Association of Insurance Commissioners (NAIC) to regulate insurance advertising.

**age** (*edad*) For the purposes of calculation, the age of a party is considered to be their age on their closest birthday at the time the policy is issued.

**agency** (*agencia; corredor de seguros*) Situation wherein one party (an agent) has the power to act for another (the principal) in dealing with third parties. (*See* independent agency system)

**agent** (*agente*) Anyone not a duly licensed broker, who solicits insurance or aids in placing risks, delivering policies or collecting premiums on behalf of an insurance company.

**agent's report** (*informe de agente; cuestionario de agente*) The section of an insurance application where the agent reports his or her personal observation about the applicant.

**aggravation of risk** (*agravación del riesgo*) Change in the risk characteristics assumed in a policy, which lawfully terminate the obligations of the insurance company from time of the change.

**aging** (*vetustez*) Over the course of time, a building becomes old and loses value, whether or not it is properly maintained. This must be taken into account by the insurance company when assessing the value of the property.

**aleatory** (*aleatorio*) Feature of insurance contracts in that there is an element of chance for both parties and that the dollar given by the policyholder (premiums) and the insurer (benefits) may not be equal.

**alien insurer** (*aseguradora foránea; compañía extranjera*)

Company incorporated or organized under the laws of any foreign nation, province or territory.

**ambulatory surgery** (*cirugía ambulatoria*) Surgery performed on an outpatient basis. (*Véase* case management; medical cost management; precertification; mandatory second opinion)

**Amicable Society for a Perpetual Assistance Office** England's first successful life insurance company; founded in 1705.

**AMIS** The initials of Mexico's Association of Mexican Insurance Institutions (Asociación Mexicana de Instituciones de Seguros), a trade representative organization that represents industry members before the National Insurance and Bonding Commission. The AMIS has some regulatory powers.

**amount at risk** (*monto en riesgo; valor garantizado*) Difference between the face amount of the policy and the reserve or policy value at a given time. In other words, the dollar amount over what the policyowner has contributed of cash value toward payment of his or her own claim. Because the cash value increases every year, the net amount at risk naturally decreases until it finally reaches zero when the cash value or reserve becomes the face amount.

**annually renewable term; ART** (*vigencia renovable anualmente; VRA; seguro temporal un año renovable*) A form of renewable term insurance that provides coverage for one year and allows the policyowner to renew his or her coverage each year, without evidence of insurability. (*See* yearly renewable term; YRT)

**annuitant** (*rentista*) One to whom an annuity is payable, or a person upon the continuance of whose life further payment depends. (*See* beneficiary)

**annuity** (*seguro de renta; cláusula adicional de renta*) A contract that provides a stipulated sum payable at certain regular intervals during the lifetime of one or more persons, or payable for a specified period only.

**annuity unit** (*unidad de seguro de renta*) The number of annuity units denotes the share of the funds an annuitant will receive from a variable annuity account after the accumulation period ends and benefits begin. A formula is used to convert accumulation units to annuity units.

**any occupation** (*cualquier ocupación*) A definition of total disability that requires that for disability income benefits to be payable, the insured must be unable to perform any job for which he or she is "reasonably suited by reason of education, training or experience."

**apparent authority** (*autoridad aparente*) The authority an agent appears to have, based on the principal's (the insurer's) actions, words, deeds or because of circumstances the principal (the insurer) created.

**applicant's occupation** (*ocupación del solicitante*) The exact occupation of the applicant must be specified in order to assess the associated risk; the insurance company must be notified of any change in occupation.

**application** (*solicitud*) Form supplied by the insurance company, usually filled in by the agent and the medical examiner (if applicable) on the basis of information received from the applicant. It is signed by the applicant and is part of the insurance policy if it is issued. It gives information to the home office underwriting department so it may consider whether an insurance policy will be issued and, if so, in what classification and at what premium rate.

**appointment** (*nombramiento*) The authorization or certification of an agent to act for or represent an insurance company.

**approval receipt** (*recibo de aprobación*) Rarely used today, a type of conditional receipt that provides that coverage is effective as of the date the application is approved (before the policy is delivered).

**Armstrong Investigation** (*Investigación Armstrong*) Investigation of a large number of insurance companies in the United States in 1905 that led to the enactment of a stricter state supervision and insurance requirements.

**assault rider** (*endoso de asalto*) Amendment to a policy that may countervene other clauses of the policy in extending coverage to losses or damage caused to the insured goods by robbery, assault, or attempted robbery.

**assessment insurance** (*seguro de derrama*) Plan by which either the amount of insurance is variable or the number and amount of the assessments are variable. It is offered by assessment associations, either pure or advance.

**assessment mutual insurer** (*aseguradora mutua de derrama*) An insurance company characterized by member-insureds who are assessed an individual portion of each loss that occurs. No premium payment is payable in advance.

**assignee** (*cesionario*) Person (including corporation, partnership or other organization) to whom a right or rights under a policy are transferred by means of an assignment.

**assignment** (*cesión; beneficiario preferente*) Signed transfer of benefits of a policy by an insured to another party. The company does not guarantee the validity of an assignment. (*See* absolute assignment; collateral assignment)

**assignment provision (health contracts)** (*cláusula de cesión [contratos de seguros de enfermedad]*) Commercial health policy provision that allows the policyowner to assign benefit payments from the insurer directly to the health care provider.

**assignor** (*cesor; cedente*) Person (including corporation, partnership or other organization or entity) who transfers a right or rights under an insurance policy to another by means of an assignment.

**attained age** (*edad alcanzada*) With reference to an insured, the current insurance age.

**authority** (*autoridad; facultades*) The actions and deeds an agent is authorized to conduct on behalf of an insurance company, as specified in the agent's contract.

**authorized company** (*compañía autorizada*) Company duly authorized by the insurance department to operate in a given state.

**auto glass insurance** (*rotura de cristales en la póliza de automóviles*) The breakage of glass in an automobile not covered by other policies is subject to a deductible equal to 20% of the damage.

**automatic premium loan provision** (*cláusula de préstamo automático de primas*) Authorizes insurer to automatically pay any premium in default at the end of the grace period and charge the amount so paid against the life insurance policy as a policy loan.

**avalanche** (*alud*) A sudden collapse or slide of a substantial mass of snow and/or ice.

**average indexed monthly earnings; AIME** (*ganancias mensuales indizadas promedio; GIMP*) The basis used for calculating the primary insurance amount (PIA) for Social Security benefits.

**average monthly wage; AMW** (*salario mensual promedio; SMP; salario mínimo global mensual*) The average wage base for computing virtually all Social Security benefits prior to 1979.

**aviation exclusion** (*exclusión de aviación; vuelos no comerciales*) Either attached by rider or included in standard policy language excepting from coverage certain deaths or disabilities due to aviation, such as "other than a fare-paying passenger."

**B**

**back dating** (*retroactividad*) The practice of making a policy effective at an earlier date than the present.

**back interest** (*interés moratorio*) Interest the insurer must pay to the insured in the event a claims payment is delayed after proper documentation and complete information is received from the insured party.

**basic medical expense policy** (*póliza de gastos médicos básicos*) Health insurance policy that provides "first dollar" benefits for specified (and limited) health care, such as hospitalization, surgery or physician services. Characterized by limited benefit periods and reactively low coverage limits.

**beneficiary** (*beneficiario*) Person to whom the proceeds of a life or accident policy are payable when the insured dies. The various types of beneficiaries are: primary beneficiaries (those first entitled to proceeds); secondary beneficiaries (those entitled to proceeds if no primary beneficiary is living when the insured dies); and tertiary beneficiaries (those entitled to proceeds if no primary or secondary beneficiaries are alive when the insured dies). (*See* annuitant)

**beneficiaries** (*beneficiarios*) Designation by the owner of a life insurance policy indicating to whom the proceeds are to be paid in the event of a claim. The policy must indicate their complete names, relationship with the insured, percentage of claim to be paid, and, if a creditor, their insurable interest.

**benefit** (*beneficio*) May be either money or a right to

the policyowner upon the happening of the conditions set out in the policy.

**benefit period** (*periodo de beneficio*) Maximum length of time that insurance benefits will be paid for any one accident, illness or hospital stay.

**Best's Insurance Report** A guide, published by A.M. Best, Inc., that rates insurers' financial integrity and managerial and operational strengths.

**binder** (*cobertura provisional; recibo cobertura de vida*) A written note that temporarily obligates an insurer to provide insurance in the amount of $1 million or more; it effectively puts insurance into force before a contract has been written or the premium paid. A binder is usually good for 90 days. (*See* covering note)

**binding receipt** (*recibo vinculante*) Given by a company upon an applicant's first premium payment. The policy, if approved, becomes effective from the date of the receipt. (*See* temporary insurance agreement)

**blackout period** (*periodo de suspensión*) Period following the death of a family breadwinner during which no Social Security benefits are available to the surviving spouse.

**blanket policy** (*póliza abierta; póliza colectiva*) Covers a number of individuals who are exposed to the same hazards, such as members of an athletic team, company officials who are passengers in the same company plane, etc.

**Blue Cross** Independent, nonprofit membership organization providing protection against the costs of hospital care in a limited geographical area. Benefit payments are made directly to the hospital; benefits vary among Blue Cross organizations.

**Blue Shield** Independent, nonprofit membership organization providing protection against the costs of surgery and other items of medical care in a limited geographical area. Benefit payments are made directly to the company.

**book value** (*valor en libros*) Also referred to as net book value, this is the compounded cost of the item in question, less depreciation (for accounting purposes), based on the corporate method used for computing depreciation on the useful life of the asset.

**broker** (*corredor*) Licensed insurance representative who does not represent a specific company, but places business among various companies. Legally, the broker is usually regarded as a representative of the insured rather than the company.

**burial** (*entierro*) A face amount life insurance policy that covers burial expenses.

**business continuation plan** (*plan de continuidad de empresa; seguro de hombre clave*) Arrangements between the business owners that provide that the shares owned by any one of them who dies or becomes disabled shall be sold to and purchased by the other co-owners or by the business. (*See* key-person insurance)

**business health insurance** (*seguro de enfermedad empresarial*) Issued primarily to indemnify a business for the loss of services of a key employee, partner or active close corporation stockholder.

**business overhead expense insurance** (*seguro de gastos generales empresariales*) A form of disability income coverage designed to pay necessary business overhead expenses, such as rent, should the insured business owner become disabled.

**buyer's guides** (*guías de comprador*) Informational consumer guide books that explain insurance policies and insurance concepts; in many states, they are required to be given to applicants when certain types of coverages are being considered.

**buy-sell agreement** (*convenio de compraventa*) Agreement that a decreased business owner's interest will be sold and purchased at a predetermined price or at a price according to a predetermined formula.

# C

**cafeteria plan** (*plan de autoservicio*) Employee benefit arrangements in which employees can select from a range of benefits.

**cancelable contract** (*contrato cancelable*) Health insurance contract that may be terminated by the company or that is renewable at its option.

**capital sum** (*indemnización básica; indemnización por pérdida de miembros*) Amount provided for accidental dismemberment or loss of eyesight. Indemnities for loss of one member or sight of one eye are percentages of the capital sum.

**career agency system** (*sistema de agencia de carrera; promotorías*) A method of marketing, selling and distributing insurance, it is represented by agencies or branch offices committed to the ongoing recruitment and development of career agents.

**carrier** (*portador*) Another term for insurer or entity responsible for the payment of benefits under an insurance policy; i.e., an insurer "carries" the risk for a policyowner.

**case management** (*administración de casos*) The professional arrangement and coordination of health services through assessment, service plan development and monitoring. (*See* medical cost management; precertification; mandatory second opinion; ambulatory surgery)

**cash or deferred arrangements** (*arreglos en efectivo o diferidos*) A qualified employer retirement plan under which employees can defer amounts of their salaries into a retirement plan. These amounts are not included in the employee's gross income and so are tax deferred. Also called "401(k) plans."

**cash refund annuity** (*seguro de renta de reembolso en efectivo*) Provides that, upon the death of an annuitant before payments totaling the purchase price have been made, the excess of the amount paid by the purchaser over the total annuity payments received will be paid in one sum to designated beneficiaries.

**cash surrender option** (*opción de rescate*) A nonforfeiture option that allows whole life insurance policyowners to receive a payout of their policy's cash values.

**cash surrender value** (*valor de rescate efectivo*) Amount available to the owner when a life insurance policy is surrendered to the company. During the early policy years, the cash value is the reserve less a "surrender charge"; in later policy years, it usually equals or closely approximates the reserve value at time of surrender. (*See* surrender value)

**cash value** (*valor efectivo*) The equity amount or "savings" accumulation in a whole life policy.

**chronic condition** (*afección crónica*) A treatable but not curable illness, such as arthritis or hypertension.

**claim notice** (*aviso de siniestro*) Duty of the insured to notify the insurer of the claim as promptly as possible, to avoid further aggravation of the claim.

**class designation** (*designación de clase*) A beneficiary designation. Rather than specifying one or more beneficiaries by name, the policyowner designates a class or group of beneficiaries. For example, "my children."

**classification** (*clasificación*) Occupational category of a risk.

**cleanup fund** (*fondo de depuración; fondo para gastos finales; cláusula de últimos gastos*) Basic use for life insurance; reserve tocover costs of last illness, burial, legal and administrative expenses, miscellaneous outstanding bills, etc. (*See* final expense fund)

**close corporation** (*compañía cerrada*) A corporation owned by a small group of stockholders, each of whom usually has a voice in operating the business.

**closed-panel HMO** (*OMS de panel cerrado*) A group of physicians who are salaried employees of an HMO and who work in facilities provided by the HMO. (*See* group model HMO)

**CNSF** Initials of Mexico's National Insurance and Bonding Commission (Comisión Nacional de Seguros y Fianzas), an agency of the Ministry of Finance and Public Credit responsible for regulating the insurance industry.

**COBRA** "Consolidated Omnibus Budget Reconciliation Act of 1985," extending group health coverage to terminated employees and their families for up to 18 or 36 months.

**Code of Hammurabi** (*Código de Hammurabi*) Set of laws by which Babylonian king Hamurabi decreed that for every loss of a life, the city and the governor would pay the heirs one silver coin, thereby establishing the first life insurance.

**coinsurance** (*coaseguro*) Principle under which the company insures only part of the potential loss, the policyowners paying the other part. For instance, in a major medical policy, the company may agree to pay 75 percent of the insured expenses, with the insured to pay the other 25 percent. (*See* percentage participation)

**collapse of constructions, buildings, and/or similar objects** (*derrumbe o caída de construcciones, edificaciones, estructuras y/u objetos similares*) An insurable risk in the casualty branch.

**collateral assignment** (*cesión colateral; beneficiario preferente*) Assignment of a policy to a creditor as security for a debt. The creditor is entitled to be reimbursed out of policy proceeds for the amount owed. The beneficiary is entitled to any excess of policy proceeds over the amount due the creditor in the event of the insured's death. (*See* assignment; absolute assignment)

**collision** (*colisiones*) This type of insurance covers the physical integrity of a vehicle in collisions with other vehicles or objects, as well as stationary damage to the vehicle.

**combination company** (*compañía combinada*) Company whose agents sell both weekly premium life and health insurance and ordinary life insurance.

**commercial health insurers** (*aseguradoras de enfermedad comerciales*) Insurance companies that function on the reimbursement approach, which allows policyowners to seek medical treatment then submit the charges to the insurer for reimbursement.

**commissioner** (*comisionado*) Head of a state insurance department; public officer charged with supervising the insurance business in a state and administrating insurance laws. Called "superintendent" in some states, "director" in others.

**Commissioner's Standard Ordinary (CSO) Table** (*Tabla Ordinaria Estándar del Comisionado*) Table of mortality based on intercompany experience over a period of time, which is legally recognized as the mortality basis for computing maximum reserves on policies issued within past years. The 1980 CSO Table replaced the 1958 CSO Table.

**common disaster provision** (*cláusula de siniestro común*) Sometimes added to a policy and designed to provide an alternative beneficiary in the event that the insured as well as the original beneficiary die as the result of a common accident.

**compensation** (*resarcimiento*) One of several different ways to compensate the insured party for damages: repairing the damage, replacing the damaged good, or acquiring the abandoned property from the insured party at its value.

**competence** (*competencia*) Power of the Mexican National Insurance and Bonding Commission to hear, and when such is the case, issue sanctions or rulings on insurance matters; other authorities may be invoked in the event of dispute.

**competent parties** (*partes competentes*) To be enforceable, a contract must be entered into by competent parties. A competent party is one who is capable of understanding the contract being agreed to.

**completion** (*perfeccionamiento*) The insurance contract is completed when the insured is notified (with proof of receipt) that the offering was accepted.

**comprehensive major medical insurance** (*seguro amplio de gastos médicos mayores*) Designed to give the protection offered by both a basic medical expense and major medical policy. It is characterized by a low deductible amount, coinsurance clause and high maximum benefits.

**concealment** (*ocultamiento; falsedad de declaraciones*) Failure of the insured to disclose to the company a fact material to the acceptance of the risk at the time application is made.

**conditional contract** (*contrato condicional*) Characteristic of an insurance contract in that the payment of benefits is dependent on or a condition of the occurrence of the risk insured against.

**conditionally renewable contract** (*contrato condicionalmente renovable*) Health insurance policy providing that the insured may renew the contract from period to period, or continue it to a stated date or an advanced age, subject to the right of the insurer to decline renewal only under conditions defined in the contract.

**conditioned receipt** (*recibo condicionado; recibo provisional*) Given to the policyowners when they pay a premium at time of application. Such receipts bind the insurance company if the risk is approved as applied for, subject to any other conditions stated on the receipt.

**confiscation** (*confiscación*) The risk of confiscation by authorities is not a covered loss because it deals with fiscal matters that involve the government.

**conservation** (*conservación; intervenn*) The activities involved with taking over and managing the affairs of a financially troubled insurer; also, the efforts involved with keeping insurance policies in force and/or reinstating lapsed policies.

**consideration** (*consideración; evaluación*) Element of a binding contract; acceptance by the company of payment of the premium and statements made by the prospective insured in the application.

**consideration clause** (*cláusula de consideración; proyección actuarial*) The part of an insurance contract setting forth the amount of initial and renewal premiums and frequency of future payments.

**contestable period** (*periodo de impugnabilidad; indisputabilidad*) Period during which the company may contest a claim on a policy because of misleading or incomplete information furnished in the application.

**contingent beneficiary** (*beneficiario contingente*) Person or persons named to receive proceeds in case the original beneficiary is not alive. Also referred to as secondary or tertiary beneficiary.

**contract** (*convenio*) An agreement enforceable by law whereby one party binds itself to certain promises or deeds.

**contract acceptance** (*aceptación del contrato*) Insured's acceptance of the terms of the contract. The insured has 30 days to submit corrections to a contract from the day it takes effect; after this term the stipulations of the policy shall be considered accepted.

**contract of agency** (*contrato de agencia*) A legal document containing the terms of the contract between the agent and company, signed by both parties. Also called agency agreement.

**contributory plan** (*plan de aportación; seguro de grupo o colectivo; seguro de grupo de deudores*) Group insurance plan issued to an employer under which both the employer and employees contribute to the cost of the plan. Generally, 75 percent of the eligible employees must be insured. (*See* noncontributory plan; group credit insurance)

**conversion privilege** (*privilegio de conversión; plan de seguro convertible*) Allows the policyowner, before an original insurance policy expires, to elect to have a new policy issued that will continue the insurance coverage. Conversion may be effected at attained age (premiums based on the age attained at time of conversion) or at original age (premiums based on age at time of original issue).

**convertible term** (*convertible con periodo de vigencia*) Contract that may be converted to a permanent form of insurance without medical examination.

**coordination of benefits (COB) provision** (*cláusula de coordinación de beneficios; CDB; riesgos compartidos*) Designed to prevent duplication of group insurance benefits. Limits benefits from multiple group health insurance policies in a particular case to 100 percent of the expenses covered and designates the order in which the multiple carriers are to pay benefits.

**corridor deductible** (*deducible de pasillo*) In superimposed major medical plans, a deductible amount between the benefits paid by the basic plan and the beginning of the major medical benefits.

**cost of bonds and collateral** (*costo de fianzas y cauciones*) Outlays charged to the insurer, which are covered in connection with a claim.

**cost of living (COL) rider** (*cláusula adicional de costo de vida; cláusula de inflación; seguro ajustable*) A rider available with some policies that provides for an automatic increase in benefits (typically tied to the Consumer Price Index), offsetting the effects of inflation. (*See* increasing term insurance)

**costs and expenses** (*gastos y costos*) In the auto insurance branch, this line covers expenses incurred in the course of a lawsuit brought against the insured policyholder in connection with damages caused by the insured vehicle.

**cotton insurance** (*riesgos algodoneros*) Specific rider covering all risks to damage of the product; usually covered under the fire insurance branch.

**coverage requirements** (*requisitos de cobertura*) Standards of coverage that prevent retirement plans from discrimination in favor of highly compensated employees. A plan must pass an IRS coverage test to be considered qualified.

**covered loss** (*eventualidad cubierta*) Verifiable risk covered by an insurance contract.

**covering note** (*nota de cobertura; recibo cobertura de vida*) A written note prepared by an agent or broker, usually good for 90 days, that informs the insured that coverage is in effect before a contract has been written or the premium paid. (*See also* binder)

**credit accident and health insurance** (*seguro de crédito por accidente y enfermedad; cláusula de exención de primas por invalidez*) If the insured debtor becomes totally disabled due to an accident or sickness, the policy premiums are paid during the period of disability or the loan is paid off. May be individual or group policy.

**credit life insurance** (*seguro de vida crediticio; seguro de vida hipotecario; seguro de deudores*) Usually written as decreasing term on a relatively small decreasing balance installment loan that may reflect direct borrowing or a balance due for merchandise purchased. If borrower dies, benefits pay balance due. May be individual or group policy.

**credit report** (*informe de crédito*) A summary of an insurance applicant's credit history, made by an independent organization that has investigated the applicant's credit standing.

**cross-purchase plan** (*plan de compra cruzada*) An agreement that provides that upon a business owner's death, surviving owners will purchase the deceased interest, often with funds from life insurance policies owned by each principal on the lives of all other principals.

**currently insured** (*asegurado corriente*) Under Social Security, a status of limited eligibility that provides only death benefits.

**custodial care** (*cuidado tutelar*) Level of health or medical care given to meet daily personal needs, such as dressing, bathing, getting out of bed, etc. Though it does not require medical training, it must be administered under a physician's order.

**cyclone, hurricane and hail** (*ciclón, huracán y granizo*) Meteorological phenomena that may be covered in a damage policy.

**D**

**damage to goods under custody or responsibility** (*daños a bienes bajo custodia o responsabilidad*) The risk of damage to goods under the insured's custody or responsibility is not considered a coverable risk.

**death rate** (*tasa de mortalidad; experiencia de siniestralidad*) Proportion of persons in each age group who die within a year; usually expressed as so many deaths per thousand persons. (*See* expected mortality; life expectancy; mortality table; morbidity rate)

**debit insurer** (*aseguradora de débitos*) (*See* home service insurer; industrial insurance)

**declaration policy** (*póliza de declaración*) Insurance policy in which the premium and amount insurable varies monthly according to regular declarations of inventory by the insured business.

**decreasing term insurance** (*seguro decreciente con periodo de vigencia*) Term life insurance on which the face value slowly decreases in scheduled steps from the date the policy comes into force to the date the policy expires, while the premium remains level. The intervals between decreases are usually monthly or annually.

**deductible** (*deducible*) Amount of expense or loss to be paid by the insured before a health insurance policy starts paying benefits.

**deferred annuity** (*seguro de renta diferido*) Provides for postponement of the commencement of an annuity until after a specified period or until the annuitant attains a specified age. May be purchased either on

135

a single-premium or flexible premium basis.

**deferred compensation plan** (*plan de remuneración diferida*) The deferral of an employee's compensation to some future age or date. These plans are frequently used to provide fringe benefits, such as retirement income, to selected personnel.

**defined benefit plan** (*plan de prestaciones definidas*) A pension plan under which benefits are determined by a specific benefit formula.

**defined contribution plan** (*plan de aportaciones definidas; plan de pensión para el retiro*) A tax-qualified retirement plan in which annual contributions are determined by a formula set for in the plan. Benefits paid to a participant vary with the amount of contributions made on his or her behalf and the length of service under the plan.

**delayed disability provision** (*cláusula de invalidez retardada*) A disability income policy provision that allows a certain amount of time after an accident for a disability to

result, and the insured remains eligible for benefits.

**dental insurance** (*seguro de gastos dentales*) A relatively new form of health insurance coverage and typically offered on a group basis, it covers the costs of normal dental maintenance as well as oral surgery and root canal therapy.

**dependency period** (*periodo de dependencia*) Period following the death of the breadwinner up until the youngest child reaches maturity.

**deposit term** (*depósito con periodo de vigencia*) Has modest endowment feature. Normally is sold for ten-year terms with a higher first-year premium than for subsequent years. If policy lapses, insured forfeits his or her "deposit" and receives no refund.

**depreciated reproduction cost** (*costo de reproducción depreciado*) Cost of reproduction minus an allotment for accrued depreciation, as calculated according to the observed physical condition and deterioration, age, usefulness and remaining useful life, and considering functional and economic obsolescence. This normally includes the assumption that the facilities will continue in use at the current location and for the existing purposes.

**detainment** (*demora*) Failure of a given good to arrive at a given place and at a given time, causing a loss to the insured.

**disability** (*invalidez*) Physical or mental impairment making a person incapable of performing one or more duties of his or her occupation.

**disability buy-sell agreement** (*convenio de compraventa por invalidez*) An agreement between business co-owners that provides that shares owned by any one of them who becomes disabled shall be sold to and purchased by the other co-owners or by the business using funds from disability income insurance.

**disability income insurance** (*seguro de ingresos por invalidez; seguro de renta por invalidez*) A type of health insurance coverage, it provides for the payment of regular, periodic income should the insured become disabled due to illness or injury.

**disability income rider** (*cláusula adicional de ingresos por invalidez*) Typically a rider to a life insurance policy, it provides benefits in the form of income in the event the insured becomes totally disabled.

**disability income rider** (*exención de pago*) Policy rider that states that if the insured becomes incapacitated under certain conditions, premiums due are waived.

**disagreement** (*desavenencia*) If there is disagreement over the claim settlement, the matter will be put before a certified independent adjuster who will determine the correct payment.

**discrimination** (*discriminación*) In insurance, the act of treating certain groups of people unfairly in the sale and/or pricing of policies; treating any of a given class of risk differently from other like risks.

Discrimination is expressly prohibited in most state insurance codes.

**dividend** (*dividendo*) Policyowner's share in the divisible surplus of a company issuing insurance on the participating plan.

**dividend options** (*opciones de dividendos*) The different ways in which the insured under a participating life insurance policy may elect to receive surplus earnings: in cash; as a reduction of premium; as additional paid-up insurance; left on deposit at interest; or as additional term insurance.

**domestic insurer** (*aseguradora local*) Company within the state in which it is chartered and in which its home office is located.

**double deductible** (*doble deducible*) Clause of an automobile insurance policy in which the deductible on an accident claim is doubled if the vehicle is driven by an individual below 21 years of age.

**double indemnity** (*doble indemnización*) Clause in which the insurer agrees to pay double the amount of life insurance in the event of accidental death.

**dread disease policy** (*póliza de enfermedad temida*) (*See* limited risk policy)

**driving without a license** (*carencia de licencia de conducir definitiva*) Legal grounds for rejection of claims submitted on auto accident.

**E**

**economic dependents** (*dependientes económicos*) Family members or other individuals under the economic responsibility of the insured, which are included among the family members insured by a policy.

**elimination period** (*periodo de eliminación*) Duration of time between the beginning of an insured's disability and the commencement of the period for which benefits are payable. (*See* waiting period)

**emergency abroad** (*emergencia en el extranjero*) Medical insurance policies generally cover the risk of injuries out-of-pocket reimbursement.

**employee benefit plans** (*planes de prestaciones para empleados*) Plans through which employers offer employees benefits such as coverage for medical expenses, disability, retirement and death.

**employee stock ownership plan; ESOP** (*plan de acciones propiedad de los empleados; PAPE*) A form of defined contribution profit-sharing plan, an ESOP invests primarily in the securities or stock of the employer.

**endowment** (*dotal*) Contract providing for payment of the face amount at the end of a fixed period, at a specified age of the insured, or at the insured's death before the end of the stated period.

**endowment period** (*periodo dotal*) Period specified in an endowment policy during which, if the insured dies, the beneficiary receives a death benefit. If the insured is still living at the end of the endowment period, he or she receives the endowment as a living benefit.

**enhanced whole life** (*vida total acrecentada*) A whole life insurance policy issued by a mutual insurer, in which policy dividends are used to provide extra death benefits or to reduce future premiums.

**enrollment period** (*periodo de inscripción*) Period during which new employees can sign up for coverage under a group insurance plan.

**entire contract provision** (*cláusula de contrato completo*) An insurance policy provision stating that the application and policy contain all provisions and constitute the entire contract.

**entity plan** (*plan de entidad*) An agreement in which a business assumes the obligation of purchasing a deceased owner's interest in the business, thereby proportionately increasing the interests of surviving owners.

**errors and omissions insurance** (*seguro de errores y omisiones; seguro de responsabilidad civil profesional; seguro de responsabilidad profesional*) Professional liability insurance that protects an insurance producer against claims arising from service he or she rendered or failed to render.

**estate** (*sucesión*) Most commonly, the quantity of wealth or property at an individual's death.

**estate tax** (*impuesto sobre sucesiones*) Federal tax imposed on the value of property transferred by an individual at his or her death.

**estoppel** (*preclusión*) Legal impediment to denying the consequences of one's actions or deeds if they lead to detrimental actions by another.

**evidence of insurability** (*prueba de asegurabilidad; cuestionario médico*) Any statement or proof of a person's physical condition, occupation, etc., affecting acceptance of the applicant for insurance.

**examiner** (*examinador*) Physician authorized by the medical director of an insurance company to make medical examination.

Also, person assigned by a state insurance company.

**excess interest** (*intereses en exceso; dividendos estimados*) Difference between the rate of interest the company guarantees to pay on proceeds left under settlement options and the interest actually paid on such funds by the company.

**exclusion ratio** (*razón de exclusión*) A fraction used to determine the amount of annual annuity income exempt from federal income tax. The exclusion ratio is the total contributions or investment in the annuity divided by the expected ratio.

**exclusion rider** (*cláusula adicional de exclusión*) A health insurance policy rider that waives the insurer's liability for all future claims on a preexisting condition.

**exclusions** (*exclusiones*) Specified hazards listed in a policy for which benefits will not be paid.

**exclusive provider organization; EPO** (*organización de proveedores exclusivos; OPE; red médica en convenio; red médica afiliada*) A variation of the PPO concept, an EPO contracts with an extremely limited number of physicians and typically only one hospital to provide services to members; members who elect to get health care from outside the EPO receive no benefits. (*See also* preferred provider organization; managed care)

**expected mortality** (*mortalidad esperada; experiencia de siniestralidad*) Number of deaths that theoretically should occur among a group of insured persons during a given period, according to the mortality table in use. Normally, a lower mortality rate is anticipated and generally experienced. (*See* life expectancy; mortality table; death rate; morbidity rate)

**experience rating** (*calificación de la experiencia; experiencia del grupo asegurado*) Review of the previous year's claims experience for a group insurance contract in order to establish premiums for the next period.

**expiration** (*prescripción*) The actions stemming from an insurance contract expire two years after the contract ceases to be in force.

**explosion** (*explosión*) In insurance terms, explosion is defined as the loud rupturing of a containing body because its walls' resistance has been surpassed by the effort of dilation.

**express authority** (*autoridad expresa; facultades expresas*) The specific authority given in writing to the agent in the contract of agency.

**expropriation** (*expropiación*) When the authorities deprive the owner of a certain property of its use and ownership, with or without legal basis, the loss is not covered, because the inclination of a government or authority to commit such acts is unpredictable.

**extended term insurance** (*seguro con periodo de vigencia ampliado*) Nonforfeiture option providing for the cash surrender value of a policy to be used as a net single premium at the insured's attained age to purchase term insurance for the face amount of the policy, less indebtedness, for as long a period as possible, but no longer than the term of the original policy.

**extra percentage tables** (*tabla de porcentajes adicionales; extraprimas*) Mortality or morbidity tables indicating the percentage amount increase of premium for certain impaired health conditions.

# F

**face amount** (*monto nominal; suma asegurada básica*) Commonly used to refer to the principal sum involved in the contract. The actual amount payable may be decreased by loans or increased by additional benefits payable under specified conditions or stated in the rider.

**facility of payment provision** (*cláusula de facilidad de pago*) Clause permitted under a uniform health insurance policy provision allowing the company to pay up to $1,000 of benefits or proceeds to any relative appearing entitled to it if there is no beneficiary or if the insured or beneficiary is a minor or legally incompetent.

**facultative reinsurance** (*reaseguro facultativo*) Reinsurance of individual risks at the reinsurer's option. (*See also* reinsurance; treaty reinsurance)

**Fair Credit Reporting Act** (*Ley de Informes de Crédito Leales*) Federal law requiring an individual to be informed if he or she is being investigated by an inspection company.

**fair market value** (*valor justo de mercado*) The price agreed upon between the buyer and seller of a property, with reasonable knowledge of all the relevant facts, objects and good.

**family income policy** (*póliza de ingresos familiares*) Combination of ordinary life and decreasing term insurance covering a period of 5, 10, 15, or 20 years. The term insurance is sufficient to provide (often when supplemented by interest on the ordinary life insurance) a specified monthly income from the date of death until the end of the specified income period. The principal sum of the ordinary insurance is payable when monthly income from the term insurance ceases or upon subsequent death.

**family maintenance policy** (*póliza de mantenimiento familiar*) Similar to the family income policy. Combines ordinary and term insurance, but without the decreasing insurance feature. Beginning at the insured's death, provides for payment of an income for a fixed period of 10, 15 or 20 years, as selected, from the date of death (not from the date of issue, as in the family income policy), with payment of the principal sum of the ordinary insurance at the end of the fixed period. (*See* family protection policy)

**family plan policy** (*póliza de plan familiar*) All-family plan of protection, usually with permanent insurance on the primary wage earner's life and with spouse and children automatically covered for lesser amounts of protection, usually term, all included for one premium.

**family protection policy** (*póliza de protección familiar*) (*See* family maintenance policy)

**FICA** Contributions made by employees and employers to fund Social Security benefits (OASDHI).

**fiduciary** (*fiduciario*) Person occupying a position of special trust and confidence, e.g., in handling or supervising affairs or funds of another.

**final expense fund** (*fondo de depuración; fondo para gastos finales*) (*See* cleanup fund)

**financial year** (*año financiero*) Balance of transactions in the last annual period preceding a claim.

**finished goods** (*productos terminados*) Final product produced or sold by the insured business, ready for packing, shipping or sale.

**fire** (*incendio*) Intense combustion that begins in or spreads to a material that is not intended for burning: buildings, grain, etc.

**fire, lightning and explosion** (*incendio, rayo y explosión*) This type of insurance covers the risk of damage to property from fire, lightning or explosion resulting from either self-ignition, external agents or accident.

**fire insurance** (*seguro de incendio*) Covers damages and losses from fire, smoke, or accidents of a similar nature.

**First Aid** (*Primeros Auxilios*) Preliminary medical attention provided before a definitive diagnosis, the cost of which is covered by the insurance policy.

**first risk insurance** (*seguro a primer riesgo*) The amount the insurer will pay to the insured in the event of an accident, with no deductibles or conditions, regardless of the total amount of the policy.

**fixed-amount settlement option** (*opción de liquidación de cantidad fija; plan de fideicomiso administrado*) A life insurance settlement option whereby the beneficiary instructs that proceeds be paid in regular installments of a fixed dollar amount. The number of payment periods is determined by the policy's face amount, the amount of each payment and the interest earned.

**fixed annuity** (*seguro de renta fija*) A type of annuity that provides a guaranteed fixed benefit amount, payable for the life of the annuitant.

**fixed-period settlement option** (*opción de liquidación en periodos fijos*) A life insurance settlement option in which the number of payments is fixed by the payee, with the amount of each payment determined by the amount of proceeds.

**flat deductible** (*deducible fijo*) Amount of covered expenses payable by the insured before medical benefits are payable.

**foreign insurer** (*aseguradora extranjera*) Company operating in a state in which it is not chartered and in which its home office is not located.

**franchise insurance** (*seguro de franquicia*) Life or health insurance plan for covering groups of persons with individual policies uniform in provisions, although perhaps different in benefits. Solicitation usually takes place in an employer's business with the employer's consent.

Generally written for groups too small to qualify for regular group coverage. May be called wholesale insurance when the policy is life insurance. (*See* wholesale insurance)

**fraternal benefit insurer** (*aseguradora de beneficios fraternales*) Nonprofit benevolent organization that provides insurance to its members.

**fraud** (*fraude*) An act of deceit; misrepresentation of a material fact made knowingly, with the intention of having another person rely on that fact and consequently suffer a financial hardship.

**free look** (*vistazo gratuito; periodo de gracia*) Provision required in most states whereby policyholders have either 10 or 20 days to examine their new policies at no obligation.

**full insurance** (*seguro pleno*) When the value of the property is equal to the amount insured under the policy.

**fully funded** (*totalmente consolidado; seguro autofinanciable*) In a retirement plan, a status in which the funds necessary to meet the financial obligations of the plan are accumulated in a reserve while the plan is in operation.

**fully insured** (*totalmente asegurado; seguro integral*) A status of complete eligibility for the full range of Social Security benefits: death benefits, retirement benefits, disability benefits and Medicare benefits.

**funding** (*consolidación; aportaciones adicionales*) In a retirement plan, the setting aside of funds for the payment of benefits.

**general agent** (*agente general*) Independent agent with authority, under contract with the company, to appoint soliciting agents within a designated territory and fix their compensation.

**gift tax** (*impuesto sobre donaciones*) Federal tax imposed on the (lifetime) transfer of property for less than full consideration.

**glass insurance** (*rotura de cristales*) This type of coverage insures the policyholder against losses to property or third-party liability in the event of breakage of glass, subject to a deductible.

**government insurer** (*aseguradora gubernamental*) An organization that, as an extension of the federal or state government, provides a program of social insurance.

**grace period** (*periodo de gracia*) Period of time after the due date of a premium during which the policy remains in force without penalty. (*See* also free look)

**graded premium whole life** (*vida total con prima escalonada*) Variation of a traditional whole life contract providing for lower than normal premium rates during the first few policy years, with premiums increasing gradually each year. After the preliminary period, premiums level off and remain constant.

**gross premium** (*prima bruta*) The total premium paid by the policyowner, it generally consists of the net premium plus the expense of operation minus interest.

**group credit insurance** (*seguro crediticio de grupo; seguro de grupo de deudores; seguro de grupo o colectivo*) A form of group insurance issued by insurance companies to creditors to cover the lives of debtors for the amounts of their loans. (*See* contributory plan)

**group insurance** (*seguro de grupo*) Insurance that provides coverage for a group of persons, usually employees of a company, under one master contract.

**group model HMO** (*OMS modelo de grupo*) (*See* closed-panel HMO)

**groups of insurance** (*grupos de seguros*) There are three major groups of insurance: property and casualty; life; and personal accident and illness.

**guaranteed insurability** (*asegurabilidad garantizada*) Arrangement, usually provided by rider, whereby additional insurance may be purchased at various times without evidence of insurability. (*See* guaranteed issue)

**guaranteed issue** (*emisión garantizada*) (*See* guaranteed insurability)

**guaranteed renewable contract** (*contrato renovable garantizado*) Health insurance contract that the insured has the right to continue in force by payment of premiums for a substantial period of time during which the insurer has no right to make unilaterally any change in any provision, other than a change in premium rate for classes of insureds.

**guaranty association** (*asociación de garantía*) Established by each state to support insurers and protect consumers in the case of insurer insolvency. Guaranty associations are funded by insurers through assessments.

# H

**hazard** (*peligro*) Any factor that gives rise to a peril.

**health insurance** (*seguro de enfermedad*) Insurance against loss through sickness or accidental bodily injury. Also called accident and health, accident and sickness, sickness and accident or disability insurance.

**health maintenance organization; HMO** (*organización para el mantenimiento de la salud; OMS*) Health care management stressing preventive health care, early diagnosis and treatment on an outpatient basis. Persons generally enroll voluntarily by paying a fixed fee periodically.

**height and weight** (*estatura y peso*) For insurance purposes, height is measured with shoes on; weight, fully clothed.

**highway and road damage** (*daños a vías públicas*) An insurable risk, relating to roads and equipment in general and payable by a local or federal government.

**home health care** (*asistencia médica a domicilio*) Skilled or unskilled care provided in an individual's home, usually on a part-time basis.

**home service insurer** (*aseguradora con servicio a domicilio; aseguradora de débitos; seguro industrial*) Insurer that offers relatively small policies with premiums payable on a weekly basis, collected by agents at the policyowner's home.

**hospital benefits** (*beneficios de hospital; gastos de hospital*) Payable for charges incurred while the insured is confined to, or treated in, a hospital, as defined in a health insurance policy.

**hospital expense insurance**
(*seguro de gastos hospitalarios*) Health insurance benefits subject to a specified daily maximum for a specified period of time while the inured is confined to a hospital, plus a limited allowance up to a specified amount for miscellaneous hospital expenses, such as operating room, anesthesia, laboratory fees, etc. Also called hospitalization insurance. (*See* medical expense insurance)

**hospital indemnity**
(*indemnización hospitalaria*) Form of health insurance providing a stipulated daily, weekly or monthly indemnity during hospital confinement; payable on an unallocated basis without regard to actual hospital expense.

**hospital or clinic** (*hospital o sanatorio*) Health care institution sometimes affiliated with hospital service networks with insurance companies.

**human life value** (*valor de vida humana*) An individual's economic worth, measured by the sum of his or her future earnings that is devoted to his or her family.

**illness** (*enfermedad*) Loss of health that merits medical treatment or the payment of some form of disability coverage.

**immediate annuity** (*seguro de renta inmediata*) Provides for the payment of annuity benefit at one payment interval from date of purchase. Can only be purchased with a single payment.

**impaired risk** (*riesgos subnormales; seguro de riesgos subnormales; riesgo subnormal*) Risk that exceeds standard levels due to the specific characteristics of the insured party or business; these must be assessed in order for the insurance company to accept covering risk and charge the appropriate premium. (*See* substandard risk; special class)

**implied authority** (*autoridad implícita*) Authority not specifically granted to the agent in the contract of agency, but which common sense dictates the agent has. It enables the agent to carry routine responsibilities.

**incidents of ownership** (*incidentes de propiedad*) Any power or interest over a life insurance policy that would subject the policy to inclusion in a decedent's gross estate.

**income** (*ingresos*) Compensation for merchandise sold or services performed by the insured business.

**incontestable clause** (*cláusula no impugnable; disputabilidad*) Provides that, for certain reasons such as misstatements on the application, the company may void a life policy after it has been in force during the insured's lifetime, usually one or two years after issue.

**increasing term insurance** (*seguro creciente con periodo de vigencia; seguro ajustable*) Term life insurance in which the death benefit increases periodically over the policy's term. Usually purchased as a cost of living rider to a whole life policy. (*See* cost of living rider)

**indemnity approach** (*enfoque de indemnización*) A method of paying health policy benefits to insureds based on a predetermined, fixed rate set for the medical services provided, regardless of the actual expenses incurred.

**independent agency system** (*sistema de agencia independiente*) A system for marketing, selling and distributing insurance in which independent brokers are not affiliated with any one insurer but represent any number of insurers. (*See* agency)

**indexed whole life** (*vida total indizada; seguro ajustable al INPC*) A whole life insurance policy whose death benefit increases according to the rate of inflation. Such policies are usually tied to the Consumer Price Index (CPI).

**individual insurance** (*seguro individual*) Policies providing protection to the policyowner, as distinct from group and blanket insurance. Also called personal insurance.

**individual retirement account; IRA** (*cuenta individual para el retiro; CIR*) A personal qualified retirement account through which eligible individuals accumulate tax-deferred income up to a certain amount each year, depending on the person's tax bracket.

**industrial insurance** (*seguro industrial*) Life insurance policy providing modest benefits and a relatively short benefit period. Premiums are collected on a weekly or monthly basis by an agent calling at insureds' homes. (*See* home service insurer)

**initiation** (*nacimiento*) The insurance contract is initiated at the time the insured party fills out, signs and submits the insurance application to the insurance company.

**inspection receipt** (*recibo de inspección*) A receipt obtained from an insurance applicant when a policy (upon which the first premium has not been paid) is left with him or her for further inspection. It states that the insurance is not in effect and that the policy has been delivered for inspection only.

**inspection report** (*informe de inspección*) Report of an investigator providing facts required for a proper underwriting decision on applications for new insurance and reinstatements.

**installment refund annuity** (*seguro de renta de reembolso a plazos*) An annuity income option that provides for the funds remaining at the annuitant's death to be paid to the beneficiary in the form of continued annuity payments.

**insurability** (*asegurabilidad*) All conditions pertaining to individuals that affect their health, susceptibility to injury, or life expectancy; an individual's risk profile.

**insurability receipt** (*recibo de asegurabilidad*) A type of conditional receipt that makes coverage effective on the date the application was signed or the date of the medical exam (whichever is later), provided the applicant proves to be insurable.

**insurable interest** (*interés asegurable*) Requirement of insurance contracts that loss must be sustained by the applicant upon the death or disability of another and loss must be sufficient to warrant compensation.

**insurable proportion** (*proporción indemnizable*) In casualty insurance, if at the time of the claim the value of the damaged goods is greater than the insured amount, the company will cover the damage proportionally.

**insurance** (*seguro*) Social device for minimizing risk of uncertainty regarding loss by spreading the risk over a large enough number of similar exposures to predict the individual chance of loss.

**insurance code** (*código de seguros*) The laws that govern the business of insurance in a given state. (*See* Ley Sobre el Contrato de Seguros)

**insured amount** (*monto de suma asegurada*) Most insurance companies will insure amounts of more than five or six times the declared annual income of the applicant.

**insured policyholder** (*asegurado titular*) A person signing a policy contract who is at the same time insured by it.

**insurer** (*aseguradora*) Party that provides insurance coverage, typically through a contract of insurance.

**insuring clause** (*cláusula de aseguramiento; clausulado*) Defines and describes the scope of the coverage provided and limits of indemnification. (*See* outline of coverage; policy provisions)

**integrated deductible** (*deducible integrado*) In superimposed major medical plans, a deductible amount between the benefits paid by the basic plan and those benefits paid by the major medical.

All or part of the integrated deductible may be absorbed by the basic plan.

**interest adjusted net cost method** (*método de costo neto ajustado por intereses*) A method of comparing costs of similar policies by using an index that takes into account the time value of money.

**interest-only option** (*opción de sólo intereses; dividendos en inversión*) Mode of settlement under which all or part of the proceeds of a policy are left with the company for a definite period at a guaranteed minimum interest rate. Interest may either be added to the proceeds or paid annually, semiannually, quarterly or monthly. (*See* interest option)

**interest option** (*opción de intereses*) (*See* interest-only option)

**interest-sensitive whole life** (*vida total sensible al interés; seguro de vida con participación*) Whole life policy whose premiums vary depending upon the insurer's underlying death, investment and expense assumptions.

**interim term insurance** (*seguro provisional con periodo de vigencia*) Term insurance for a period of 12 months or less by special agreement of the company; it permits a permanent policy to become effective at a selected future date.

**intermediate nursing care** (*asistencia de enfermería intermedia*) Level of health or medical care that is occasional or rehabilitative, ordered by a physician, and performed by skilled medical personnel.

**interruption by civil authorities** (*interrupción por la autoridad civil*) A rider to casualty insurance policies that covers the risk of real losses resulting from the inability to gain access to the property for up to two consecutive weeks, because of prohibition by the authorities.

**invoice value** (*valor factura*) Billed price of a vehicle, including sales or value-added tax, issued by recognized distributors. This is one of the bases used to establish coverage of new vehicles.

**irrevocable beneficiary** (*beneficiario irrevocable*) Beneficiary whose interest cannot be revoked without his or her written consent, usually because the policyowner has made the beneficiary designation without retaining the right to revoke or change it.

**IUMI** The initials of the International Union of Movers' Insurance, an important institution that serves as a clearinghouse and regulator for moving insurance.

# J

**joint and last survivor policy** (*póliza mancomunada con último sobreviviente*) A variation of the joint life policy that covers two lives but pays the benefit upon the death of the second insured.

**joint and survivor annuity** (*seguro de renta mancomunado reversible*) Covers two or more lives and continues in force so long as any one of them survives.

**joint life policy** (*póliza mancomunada de seguro de vida*) Covers two or more lives and provides for the payment of the proceeds at the death of the first among those insured, at which time the policy automatically terminates.

**juvenile insurance** (*seguro juvenil; seguro de menores*) Written on the lives of children who are within specified age limits and generally under parental control.

**K**

**Keogh plans** (*planes Keogh; planes de jubilación individual*) Designed to fund retirement of self-employed individuals; name derived from the author of the Keogh Act (HR-10), under which contributions to such plans are given favorable tax treatment.

**key-person insurance** (*seguro de persona clave; seguro de hombre clave*) Protection of a business against financial loss caused by the death or disablement of a vital member of the company, usually individuals possessing special managerial or technical skill or expertise.

# L

**land transportation insurance** (*seguro de transporte terrestre*) Covers all risks to property involved in its transportation by means of land vehicles (trains, trucks, cars, etc.).

**landslide** (*derrumbe de tierras o piedras*) An insurable risk, relating to the accidental and violent collapse or slide of earth or rocks which causes damage.

**lapse** (*cancelación*) Termination of a policy upon the policyowner's failure to pay the premium within the grace period.

**law of large numbers** (*ley de los grandes números*) Basic principle of insurance that the larger the number of individual risks combined into a group, the more certainty there is in predicting the degree or amount of loss that will be incurred in any given period.

**legal indemnification** (*indemnización legal*) Mexican federal labor law establishes the amount of compensation an employer must pay an employee for accident or injury on the job, as stipulated in the civil code for Mexico City.

**legal purpose** (*propósito legal*) In contract law, the requirement that the object of, or reason for, the contract must be legal.

**legal reserve** (*reserva legal*) Policy reserves are maintained according to the standard levels established through the insurance laws of the various states.

**level premium** (*prima nivelada*) Premiums that do not change during the life of a policy. Initially the amount of the premium is slightly more than is necessary to cover the stipulated risk, but the insurer invests the excess in reserves to make up the increasing mortality costs in the future.

**level premium funding method** (*método de financiamiento por prima uniforme; seguro de prima nivelada*) The insurance plan (used by all regular life insurance companies) under which, instead of an annually increasing premium that reflects the increasing chance of death, an equivalent level premium is paid. Reserves that accumulate from more than adequate premiums paid in the early years supplement inadequate premiums in later years.

**level term insurance** (*seguro uniforme con periodo de vigencia; seguro de vida nivelado*) Term coverage on which the face value remains unchanged from the date the policy comes into force to the date the policy expires.

**liability insurance** (*seguro contra la responsabilidad*) Coverage in which the insurance company pays any indemnification the insured must make to a third party due to acts or circumstances covered by the insurance contract.

**liability or professional risk for occupants of the vehicle** (*responsabilidad civil o riesgos profesionales por los ocupantes del vehículo*) Covered as a professional liability in cases where the occupants of a vehicle injured in an accident are permanent or temporary workers of the insured company; coverage is limited to previously agreed-upon amounts.

**liability to dependents of the insured** (*daños a terceros dependientes civiles del asegurado*) The risk of damage or injury to parties that are legally considered dependents of the insured, whether family members or not, is not considered a coverable risk.

**license** (*licencia; cédula de agente de seguros*) Certification issued by a state insurance department that an individual is qualified to solicit insurance applications for the period covered; usually issued for one year, renewable on application without need for repeat on the original qualifying requirements.

**license** (*cédula*) Document authorizing an agent to engage in insurance transactions, issued after agent has been duly accredited.

**licensed insurer** (*aseguradora autorizada*) (*See* admitted insurer)

**lien system** (*sistema de obligación*) Plan for issuing coverage for substandard risks. A standard premium is paid but there is a lien against the policy to reduce the amount of insurance if the insured dies from a cause that resulted in the substandard rating.

**life annuity** (*seguro de renta vitalicia* [*seguro de renta vitalicia directo*]) Payable during the continued life of the annuitant. No provision is made for the guaranteed return of the unused portion of the premium. (*See* straight life income annuity [straight life annuity; life annuity])

**life expectancy** (*expectativa de vida; experiencia de siniestralidad*) Average duration of the life remaining to a number of persons of a given age, according to a given mortality table. Not to be confused with "probable lifetime," which refers to the difference between a person's present age and the age at which death is most probable, i.e., the age at which most deaths occur. (*See* mortality table; death rate; expected mortality; morbidity rate)

**life income settlement option** (*opción de liquidación con ingresos vitalicios*) A settlement option providing for life insurance or annuity proceeds to be used to buy an annuity payable to the beneficiary for life; often with a specified number of payments certain or a refund if payments don't equal or exceed premiums paid.

**life insurance** (*seguro de vida*) Insurance against loss due to the death of a particular person (the insured) upon whose death the insurance company agrees to pay a stated sum or income to the beneficiary.

**limited pay life insurance**
(*seguro de vida de pago limitado*) A form of whole life insurance characterized by premium payments only being made for a specified or limited number of years.

**limited policies** (*pólizas limitadas*) Restrict benefits to specified accidents or diseases, such as travel policies, dread disease policies, ticket policies, and so forth.

**limited risk policy** (*póliza de riesgo limitado*) Provides coverage for specific kinds of accidents or illnesses, such as injuries received as a result of travel accidents or medical expenses stemming from a specified disease. (*See* special risk policy; dread disease policy; specified disease insurance)

**liquidation value** (*liquidación*) The monetary amount a property is likely to produce in a forced sale situation, during a specific period of time. Frequently associated with liquidation through auction.

**list price value** (*valor precio de lista*) Basis for coverage of new vehicles in the event of indemnification for accident or robbery. Under this type of coverage, the payment is calculated based on the list price of the item, i.e. the billing cost from the car manufacturer to the car dealership.

**Lloyd's of London** An association of individuals and companies that underwrite insurance on their own accounts and provide specialized coverages.

**loading** (*sobreprima*) Amount added to net premiums to cover the company's operating expenses and contingencies; includes the cost of securing new business, collection expenses and general management expenses. Precisely: excess of gross premiums over net premiums.

**loan value** (*valor de préstamo*) Determinable amount that can be borrowed from the issuing company by the policyowner using the value of the life insurance policy as collateral.

**long-term care** (*asistencia de largo plazo*) Refers to the broad range of medical and personal services for individuals (often the elderly) who need assistance with daily activities for an extended period of time.

**long-term care policy** (*póliza de asistencia de largo plazo*) Health insurance policies that provide daily indemnity benefits for extended care confinement.

**loss clause** (*cláusula de pérdidas*) Section of a property or casualty insurance policy stating that any loss paid under the policy does not reduce the insured limit stated therein.

**loss event** (*eventualidad actualizada*) Event that causes the loss.

**loss of expected income** (*seguro de pérdida de utilidades esperadas*) Covers the difference between potential gain that would have been obtained had the accident not occurred and the amount actually earned.

**loss of gross gains** (*pérdida de ganancias brutas*) As the result of an accident or property damage, a company may cease to receive income or gains; the insurance policy may cover these revenues for a specific period of time.

**loss of policies or renewals** (*pérdida de pólizas o renovaciones*) The insured has the right to request duplicate copies of any policies or renewals of which the original has been lost.

**loss sharing** (*pérdidas compartidas; mancomunación de riesgos*) A basic principle of insurance whereby a large number of people contribute to cover the losses of a few. (*See* risk pooling)

**lump sum** (*suma alzada*) Payment of entire proceeds of an insurance policy in one sum. The method of settlement provided by most policies unless an alternate settlement is elected by the policyowner or beneficiary.

# M

**major medical expense policy** (*póliza de gastos médicos mayores*) Health insurance policy that provides broad coverage and high benefits for hospitalization, surgery and physician services. Characterized by deductibles and coinsurance cost-sharing.

**managed care** (*asistencia administrada*) A system of delivering health care and health care services, characterized by arrangements with selected providers, programs of ongoing quality control and utilization review and financial incentives for members to use providers and procedures covered by the plan. (*See* exclusive provider organization [EPO]; preferred provider organization [PPO])

**mandatory second opinion** (*segunda opinión obligatoria; segunda opinión médica*) To control costs, many health policies provide that, in order to be eligible for benefits, insureds must get a second opinion before receiving nonlife-threatening surgery. (*See* ambulatory surgery; precertification; case management; medical cost management)

**marine insurance** (*seguro marítimo*) This type of insurance is governed, in compatible areas, by the provisions of the Mexican Code of Commerce and Insurance Contract Law.

**master policy** (*póliza maestra*) Issued to the employer under a group plan; contains all the insuring clauses defining employee benefits. Individual employees participating in the group plan receive individual certificates that outline highlights of the coverage. Also called master contract.

**material** (*sustancial*) In insurance, the term means having influence or effect, or representation relating to a matter that is so substantial as to influence an outcome or actions.

**maturity value** (*valor al vencimiento; valores finales*) Proceeds payable on an endowment contract at the end of the specified endowment period, or payable on an ordinary life contract at the last age of the mortality table if the insured is still living at that age. Maturity value of a policy is the same as the face amount of the policy and is equal to the reserve value of the contract on this maturity date. Actual amount payable by the company may be increased by dividend additions or accumulated dividend deposits, or decreased by outstanding loans.

**maximum insurable amount** (*suma máxima asegurada*) Maximum payment that will be made when a loss event occurs.

**McCarran-Ferguson Act** (*Ley McCarran-Ferguson*) Also known as Public Law 15, the 1945 act exempting insurance from federal antitrust laws to the extent insurance is regulated by the states.

**Medicaid** Provides medical care for the needy under joint federal-state participation (Kerr-Mills Act).

**medical cost management** (*administración de costos médicos*) The process of controlling how policyholders utilize their policies. (*See* mandatory second opinion; precertification; ambulatory surgery; case management)

**medical examination** (*examen médico*) Usually conducted by a licensed physician; the medical report is part of the application, becomes part of the policy contract, and is attached to the policy. A "nonmedical" is a short-form medical report filled out by the agent. Various company rules, such as amount of insurance applied for or already in force, or applicant's age, sex, past physical history and data revealed by inspection report, etc., determine whether the examination will be "medical" or "nonmedical."

**medical expense insurance** (*seguro de gastos médicos*) Pays benefits for nonsurgical doctors' fees commonly rendered in a hospital; sometimes pays for home and office calls. (*See* hospital expense insurance)

**medical expenses** (*gastos médicos*) In the auto insurance branch, this line covers the risk of injury or death to the occupants of the insured vehicle in the event of an accident.

**Medical Information Bureau; MIB** (*Oficina de Información Médica; OIM*) A service organization that collects medical data on life and health insurance applicants for member insurance companies.

**medical report** (*informe médico*) A document completed by a physician or other approved examiner and submitted to an insurer to supply medical evidence of insurability (or lack of insurability) or in relation to a claim.

**Medicare** Federally sponsored health insurance and medical care program for persons age 65 or older; administered under provisions of the Social Security Act.

**Medicare Part A** (*Medicare Parte A*) Compulsory hospitalization insurance that provides specified in hospital and related benefits. All workers covered by Social Security finance its operation through a portion of their FICA tax.

**Medicare Part B** (*Medicare Parte B*) Voluntary program designed to provide supplementary medical insurance to cover physician services, medical services and supplies not covered under Medicare Part A.

**Medicare supplement policy** (*póliza complementaria del Medicare*) Health insurance that provides coverage to fill the gaps in Medicare coverage.

**Mexican Insurance Contract Law** (*Ley Sobre el Contrato de Seguros; LSCS*) This law states that under the terms of a standard insurance contract, the insurer is obliged to reduce a damage or pay a sum of money upon verification of the circumstances. (*See* insurance code)

**minimum deposit insurance** (*seguro de depósito mínimo*) A cash value life insurance policy having a first-year loan value that is available for borrowing immediately upon payment of the first-year premium.

**minimum premium plan; MMP** (*plan de prima mínima; PPM*) Designed to support a self-insured plan, a minimum premium plan helps insure against large, unpredictable losses that exceed the self-insured level.

**minor injuries** (*lesiones menores; curaciones*) Small wounds or bruises resulting from an accident which are covered without hospital care.

**miscellaneous expenses** (*gastos diversos; gastos extra de hospitalización*) Hospital charges, other than for room and board, e.g., X rays, drugs, laboratory fees, etc., in connection with health insurance.

**misrepresentation** (*tergiversación*) Act of making, issuing, circulating or causing to be issued or circulated, an estimate, illustration, circular or statement of any kind that does not represent the correct policy terms, dividends or share of the surplus or the name or title for any policy or class of policies that does not in fact reflect its true nature. (*See* replacement; twisting)

**misstatement of age or sex provision** (*cláusula de declaración falsa de edad o sexo*) If the insured's age or sex is misstated in an application for insurance, the benefit payable usually is adjusted to what the premiums paid should have purchased.

**misuse of premium** (*uso indebido de prima; disposición de primas*) Improper use of premiums collected by an insurance producer.

**modification** (*modificación*) An insurance contract may be modified to change its essential or incidental features.

**modified endowment contract; MEC** (*contrato dotal modificado; CDM*) A life insurance policy under which the amount a policyowner pays in during the fist years exceeds the sum of net level premium that would have been payable to provide paid-up future benefits in seven years.

**modified whole life** (*vida total modificado*) Whole life insurance with premium payable during the first few years, usually five years, only slightly larger than the rate of term insurance. Afterwards, the premium is higher for the remainder of life than the premium for ordinary life at the original age of issue, but lower than the rate at the attained age at 'he time of charge.

**money-purchase plan** (*plan de compra monetaria*) A type of qualified plan under which contributions are fixed amounts or fixed percentages of the employees' salary. An employee's benefits are provided in whatever amount the accumulated or current contributions will produce for him or her.

**moral hazard** (*peligro de moralidad*) Effect of person reputation, character, associates, personal living habits, financial responsibility and environment, as distinguished from physical health, upon an individual's general insurability.

**morale hazard** (*peligro de moral [motivación]*) Hazard arising from indifference to loss because of the existence of insurance.

**morbidity** (*morbilidad; siniestralidad*) The relative incidence of disability due to sickness or accident within a given group.

**morbidity rate** (*tasa de morbilidad; experiencia de siniestralidad*) Shows the incidence and extent of disability that may be expected from a given large group of persons; used in computing health insurance rates. (*See* mortality table; death rate; expected mortality; life expectancy)

**mortality** (*mortalidad*) The relative incidence of death within a group.

**mortality table** (*tabla de mortalidad; experiencia de siniestralidad*) Listing of the mortality experience of individual by age; permits an actuary to calculate, on the average, how long a male or female of a given age group may be expected to live. (*See* death rate; expected mortality; life expectancy; morbidity rate)

**mortgage insurance** (*seguro hipotecario*) A basic use of life insurance, so-called because many family heads leave insurance for specifically paying off any mortgage balance outstanding at their death. The insurance generally is made payable to a family beneficiary instead of to the mortgage holder.

**multiple employer trust; MET** (*fideicomiso de patrones múltiples; FPM*) Several small groups of individuals that need life and health insurance but do not qualify for true group insurance band together under state trust laws to purchase insurance at a more favorable rate.

**multiple employer welfare arrangement; MEWA** (*arreglo de prestaciones sociales de patrones múltiples; APSPM*) Similar to a multiple employer trust (MET) with the exception that in a MEWA, a number of employers pool their risks and self-insure.

**multiple protection policy** (*póliza de protección múltiple*) A combination of term and whole life coverage that pays some multiple of the face amount of the basic whole life portion (such as $10 per month per $1,000) throughout the multiple protection period (such as to age 65).

**mutual insurer** (*aseguradora mutualista*) An insurance company characterized by having no capital stock, it is owned by its policyowners and usually issues participating insurance.

**N**

**National Association of Insurance Commissioners; NAIC** (*Asociación Nacional de Comisionados de Seguros; ANCS*) Association of state insurance commissioners active in insurance regulatory problems and in forming and recommending model legislation and requirements.

**National Association of Health Underwriters; NAHU** (*Asociación Nacional de Aseguradoras de Enfermedad; ANAE*) NAHU is an organization of health insurance agents that is dedicated to supporting the health insurance industry and to advancing the quality of service provided by insurance professionals.

**National Association of Life Underwriters; NALU** (*Asociación Nacional de Aseguradoras de Vida; ANAV*) NALU is an organization of life insurance agents that is dedicated to supporting the life insurance industry and to advancing the quality of service provided by insurance professionals.

**National Service Life Insurance; NSLI** (*Seguro de Vida del Servicio Nacional; SVSN*) Created by Congress in 1940 for providing policies for individuals on active duty in military service. Persons entering military service after December 31, 1956 cannot purchase this insurance. However, persons discharged with a service-connected disability may purchase it within a certain time limit.

**natural group** (*grupo natural*) A group formed for a reason other than to obtain insurance.

**needs approach** (*enfoque de necesidades*) A method for determining how much insurance protection a person should have by analyzing a family's or business's needs and objectives should the insured die, become disabled or retire.

**net premium** (*prima neta*) Calculated on the basis of a given mortality table and a given interest rate, without any allowance for loading.

**nonadmitted insurer** (*aseguradora no admitida*) An insurance company that has not been licensed to operate within a given state.

**noncancelable and guaranteed renewable contract** (*contrato renovable no cancelable y garantizado*) Health insurance contract that the insured has the right to continue in force by payment of premiums set forth in the contract for a substantial period of time, during which the insurer has no right to make unilaterally any change in any contract provision.

**noncontributory plan** (*plan sin aportaciones; seguro de grupo o colectivo; seguro de grupo por prestación contractual*) Employee benefit plan under which the employer bears the full cost of the employees' benefits; must insure 100 percent of eligible employees. (*See* contributory plan)

**nondisabling injury** (*lesión no incapacitante*) Requires medical care, but does not result in loss of time from work.

**nonduplication provision** (*cláusula de no duplicación*) Stipulates that insureds shall be ineligible to collect for charges under a group health plan if the charges are reimbursed under their own or spouse's group plan.

**nonforfeiture options** (*opciones de pérdida nula*) Privileges allowed under terms of a life insurance contract after cash values have been created.

**nonforfeiture values** (*valores no susceptibles de pérdida; valores garantizados*) Those benefits in a life insurance policy that by law, the policyowner does not forfeit even if he or she discontinues premium payments; usually cash value, loan value, paid-up insurance value and extended term insurance value.

**nonmedical insurance** (*seguro no médico; seguro sin examen*) Issued on a regular basis without requiring a regular medical examination. In passing on the risk, the company relies on the applicant's answers to questions regarding his or her physical condition and on personal references or inspection reports.

**nonparticipating** (*no participativo*) Insurance under which the insured is not entitled to share in the divisible surplus of the company.

**nonqualified plan** (*plan no calificado*) A retirement plan that does not meet federal government requirements and is not eligible for favorable tax treatment.

**notice of claims provision** (*cláusula de aviso de reclamaciones*) Policy provision that describes the policyowner's obligation to provide notification of loss to the insurer within a reasonable period of time.

# O

**obsolescence** (*obsolescencia*)
The ongoing progress of technology and human knowledge often results in the obsolescence and loss of value of the insured property.

**offer and acceptance**
(*ofrecimiento y aceptación*)
The offer may be made by the applicant by signing the application, paying the first premium and, if necessary, submitting to a physical examination. Policy issuance, as applied for, constitutes acceptance by the company. Or, the offer may be made by the company when no premium payment is submitted with application. Premium payment on the offered policy then constitutes acceptance by the applicant. (*See* acceptance)

**Old-Age, Survivors, Disability and Hospital Insurance; OASDHI**
(*Seguro de Vejez, Sobrevivientes, Invalidez y Hospital; SVSIH*)
Retirement, death, disability income and hospital insurance benefits provided under the Social Security system.

**onerous** (*oneroso*) A characteristic of insurance contracts in which reciprocal benefits and burdens are stipulated (Article 1837 of the Mexican Code of Commerce).

**open certificate** (*certificado abierto*) Rates and policy provisions may be changed. Fraternal benefit societies are required by law to issue this type of certificate. Also called open policy.

**open-panel HMO** (*OMS de panel abierto*) A network of physicians who work out of their own offices and participate in the HMO on a part-time basis.

**optionally renewable contract** (*contrato opcionalmente*

*renovable*) Health insurance policy in which the insurer reserves the right to terminate the coverage at any anniversary or, in some cases, at any premium due date, but does not have the right to terminate coverage between such dates.

**ordinary insurance** (*seguro ordinario*) Life insurance of commercial companies not issued on the weekly basis; amount of protection usually is $1,000 or more.

**original cost** (*costo original*) The initial compounded cost of the asset in the hands of its original owner. This figure is used for tax accounting purposes, and generally includes the purchase price of the article, possibly with other items like sales taxes, shipping, haulage, and installation work.

**OSHA** Occupational Safety and Health Administration; establishes federal work safety guidelines.

**other insurance** (*otros seguros*) The insured party must inform the insurance company of any other insurance policies it holds in order to assign proportions of compensation in the event of a claim.

**other insureds rider** (*cláusula adicional de otros asegurados*) A term rider, covering a family member other than the insured, that is attached to the base policy covering the insured.

**outline of coverage** (*descripción de la cobertura; clausulado*) Informational material about a specific plan or policy of insurance that describes the policy's features and benefits; in many states, an outline of coverage is required to be given to consumers when certain types of coverages are being considered. (*See* insuring clause; policy provisions)

**overhead insurance** (*seguro de gastos generales*) Type of short-term disability insurance reimbursing the insured for specified, fixed, monthly expenses, normal and customary in operating the insured's business.

**overinsurance** (*sobreaseguramiento*) An excessive amount of insurance; an amount of insurance that would result in payment of more than the actual loss or more than incurred expenses.

**overinsurance** (*sobre seguro*) When the value of the property is less than the amount insured.

**own occupation** (*ocupación propia; ocupación habitual*) A definition of total disability that requires that in order to receive disability income benefits the insured must be unable to work at his or her own occupation.

**P**

**paid-up additions** (*adiciones pagadas; uso del dividendo en compra de seguros temporales*) Additional life insurance purchased by policy dividends on a net single premium basis at the insured's attained insurance age at the time additions are purchased.

**paid-up policy** (*póliza pagada*) No further premiums are to be paid and the company is held liable for the benefits provided by the contract.

**parole evidence rule** (*regla de prueba de palabra*) Rule of contract law that brings all verbal statements into the written contract and disallows any changes or modifications to the contract by oral evidence.

**partial disability** (*invalidez parcial*) Illness or injury preventing insured from performing at least one or more, but not all, of their occupational duties.

**partial permanent disability** (*incapacidad permanente parcial*) Article 479 of the Mexican Insurance Contract Law defines this as the limitation of a person's faculties or capability to engage in their occupation.

**participating** (*participativo; seguro con participación de dividendos*) Plan of insurance under which the policyowner receives shares (commonly called dividends) of the divisible surplus of the company.

**participating physician** (*médico participante*) A doctor or physician who accepts Medicare's allowable or recognized charges and will not charge more than this amount.

**participation standards** (*normas de participación; requisitos de selección*) Rules that must be followed for determining employee eligibility for a qualified retirement plan.

**partnership** (*sociedad de personas*) A business entity that allows two or more people to strengthen their effectiveness by working together as co-owners.

**payor rider** (*cláusula adicional de pagador*) Available under certain juvenile life insurance policies, upon payment of an extra premium. Provides for the waiver of future premiums if the person responsible for paying them dies or is disabled before the policy becomes fully paid or matures as a death claim, or as an endowment, or the child reaches a specific age.

**per capita rule** (*regla per cápita*) Death proceeds from an insurance policy are divided equally among the living primary beneficiaries.

**per stirpes rule** (*regla per stripes; beneficiarios por partes iguales*)Death proceeds from an insurance policy are divided equally among the name beneficiaries. If a named beneficiary is deceased, his or her share then goes to the living descendants of that individual.

**percentage participation** (*participación porcentual*) (*See* coinsurance)

**peril** (*contingencia; siniestro*) The immediate specific event causing loss and giving rise to risk.

**period certain annuity** (*seguro de renta con periodo cierto*) An annuity income option that guarantees a definite minimum period of payments.

**period of indemnity** (*periodo de indemnización*) Space of time following the date of the loss event during which the operations of the insured business may be affected by it, and covered under the policy.

**periodical publication group** (*grupo de publicaciones periódicas*) A group representative of those eligible for blanket life insurance; in this case, the policy is issued to a newspaper, farm paper, magazine or other periodical. The policy insures independent contractors and others engaged in the marketing and delivery of periodical publications.

**permanent flat extra premium**
(*prima adicional fija permanente*) A fixed charge added per $1,000 of insurance for substandard risks.

**permanent total disability**
(*incapacidad permanente total*) According to Article 480 of the Mexican Insurance Contract Law, this is the loss of faculties or capabilities that makes a person totally unable to engage in their occupation for the rest of their life.

**personal liability insurance**
(*daños a terceros en sus personas*) Covers the risk of damage to the physical integrity or death of third parties resulting from the use of or presence in the insured unit. Claims are limited to the real amounts paid and for which the insured is responsible.

**personal producing general agency system; PPGA**
(*sistema de agencia general productora personal; AGPP; agencia general*) A method of marketing, selling and distributing insurance in which personal producing general agents (PPGAs) are compensated for business they personally sell and business sold by agents with whom they subcontract. Subcontracted agents are considered employees of the PPGA, not the insurer.

**physician; doctor** (*médico*) Medical professional whose presence in the treatment of illness or accident is essential under insurance agreements.

**place of claim payment** (*lugar de pago de indemnización*) Under Mexican insurance law, the insurance company must pay the claim at its legal address.

**policy** (*póliza*) In insurance, the written instrument in which a contract of insurance is set forth.

**policy annulment** (*anulación del seguro*) The insurance policy may be rescinded if the insured has caused any omission, false or misleading statement to be included in the contract.

**policy loan** (*préstamo de póliza*) In life insurance, a loan made by the insurance company to the policyowner, with the policy's cash value assigned as security. One of the standard nonforfeiture options.

**policy provisions** (*disposiciones de póliza; clausulado*) The term or conditions of an insurance policy as contained in the policy clauses. (*See* outline of coverage; insuring clause)

**precertification** (*precertificación*) The insurer's approval of an insured's entering a hospital. Many health policies require precertification as part of an effort to control costs. (*See* mandatory second opinion; ambulatory surgery; case management; medical cost management)

**preexisting condition** (*afección preexistente; enfermedad preexistente*) An illness or medical condition that existed before a policy's effective date; usually excluded from coverage, through the policy's standard provisions or by waiver.

**preexisting conditions** (*padecimientos preexistentes*) Any illness or medical condition that suffered by the insured prior to the initiation of the health policy must be mentioned to the insurance company in order to correctly calculate the associated risk.

**preferred provider organization; PPO** (*organización de proveedores preferentes; OPP; red médica en convenio; red médica afiliada*) An association of health care providers, such as doctors and hospitals, that agree to provide health care services to members of a particular group, at fees negotiated in advance. (*See* managed care; exclusive provider organization)

**preferred risk** (*riesgo preferente*) A risk whose physical condition, occupation, mode of living and other characteristics indicate a prospect for longevity for unimpaired lives of the same age.

**preliminary term insurance** (*seguro preliminar con periodo de vigencia; seguro a corto plazo*) Term insurance attached to a newly issued permanent life insurance policy extending term coverage of a preliminary period of 1 to 11 months, until the permanent insurance becomes effective. The purpose is to provide full life insurance premium and the anniversary to a later date.

**premises** (*local*) Under certain property insurance policies, a party may be covered for damage to only the portion of the building occupied by its business activities.

**premium** (*prima*) The periodic payment required to keep an insurance policy in force.

**premium computation** (*composición de la prima*) Premiums are calculated by adding together the mortality cost, administrative and acquisition costs, reserves, and the initial capital investment required by law to guarantee the transactions.

**premium factors** (*factores de prima*) The three primary factors considered when computing the basic premium for insurance: mortality, expense and interest.

**Presbyterian Minister's Fund** The oldest life insurance company in existence; founded in 1759 as "A Corporation for the Relief of Poor and Distressed Presbyterian Ministers and of Poor and Distressed Widows and Children of Presbyterian Ministers."

**prescription drug coverage** (*cobertura de medicamentos por prescripción médica*) Usually offered as an optional benefit to group medical expense plans, this coverage includes some or all of the cost of prescription drugs.

**present value** (*cálculo de valor presente*) Value assigned to assets at the time the policy is issued.

**presumptive disability benefit** (*beneficio por presunta invalidez*) A disability income policy benefit that provides that if an insured experiences a specified disability, such as blindness, he or she is presumed to be totally disabled and entitled to the full amount payable under the policy, whether or not he or she is able to work.

**primary beneficiary** (*beneficiario primario;*

*beneficiario principal*) In life insurance, the beneficiary designated by the insured as the first to receive policy benefits.

**primary insurance amount; PIA** (*monto del seguro primario; MSP*) Amount equal to a covered worker's full Social Security retirement benefit at age 65 or disability benefit.

**principal** (*principal*) An insurance company that, having appointed someone as its agent, is bound to the contracts the agent completes in its behalf.

**principal sum** (*suma principal*) The amount under an AD&D policy that is payable as a death benefit if death is due to an accident.

**private automobile insurance** (*seguros de automóviles particulares*) Covers basic material damages to the vehicle, robbery, liability, and other optional risks.

**private insurer** (*aseguradora privada*) An insurer that is not associated with federal or state government.

**probationary period** (*periodo de prueba*) Specified number of days after an insurance policy's issue date during which coverage is not afforded for sickness. Standard practice for group coverages.

**proceeds** (*producto; suma asegurada*) Net amount of money payable by the company at the insured's death or at policy maturity.

**producer** (*productor*) A general term applied to an agent, broker, personal producing general agent, solicitor or other person who sells insurance.

**professional liability insurance** (*seguro de responsabilidad profesional; seguro de responsabilidad civil profesional*) (*See* errors and omissions insurance)

**profit-sharing plan** (*plan de participación de utilidades*) Any plan whereby a portion of a company's profits is set aside for distribution to employees who qualify under the plan.

**proof of loss** (*prueba de pérdida; informe médico de siniestro*) A mandatory health insurance provision stating that the insured must provide a completed claim form to the insurer within 90 days of the date of loss.

**proper solicitation**
(*ofrecimiento correcto; actitud profesional*) High professional standards that require an agent to identify himself or herself properly, that is, as an agent soliciting insurance on behalf of an insurance company.

**property damage liability insurance** (*daños a terceros en sus bienes*) Covers damage to the property of third parties up to a stipulated sum of money. The indemnification must be consistent with the degree of liability demonstrated by the insured, and with the actual amounts paid.

**proposal** (*propuesta*) In Mexico, the General Insurance Institutions Law states that the printed forms of an insurance company (applications, policies, riders, etc.) must be authorized by the National Insurance and Bonding Commission.

**pure endowment** (*dotal puro*) Contract providing for payment only upon survival of a certain person to a certain date and not in event of that person's prior death. This type of contract is just the opposite of a term contract, which provides for payment only in event the inured person dies within the term period specified.

**pure risk** (*riesgo puro*) Type of risk that involves the chance of loss only; there is no opportunity for gain; insurable.

# Q

**qualified plan** (*plan calificado; seguro colectivo contractual*) A retirement or employee compensation plan established and maintained by an employer that meets specific guidelines spelled out by the IRS and consequently receives favorable tax treatment.

**R**

**Railway Passengers Assurance Company** Founded in 1848, this company represented the first real attempt to protect the general public against accidents by writing "ticket insurance" to railway passengers for injury or death while riding the railways.

**rate-up in age** (*alza de calificación por edad*) System of rating substandard risks that involves assuming the insured to be older than he or she really is and charging a correspondingly higher premium.

**rating** (*calificación*) The making of insurance creates also the premium classification given an applicant for life or health insurance.

**raw material** (*materia prima*) Materials used in the business of the insured party, in the condition in which they are acquired.

**real constant value** (*valor real constante*) A term used in insurance policies but not defined by insurance companies. In many states, practice has established that real constant value is equivalent to the depreciated reproduction cost of the insured property Other states allow insurance companies to apply the "general rule of evidence" in which market factors may be taken into account. (*See* reproduction cost)

**reasonable and customary charge** (*cargo razonable y acostumbrado; gasto usual acostumbrado; GUA*) Charge for a heath care service consistent with the going rate of charge in a given geographical area for an identical or similar services.

**rebating** (*descuento*) Returning part of the commission or giving anything else of value to the insured as an inducement to buy the policy. It is illegal and cause for license revocation in most states. In some states, it is an offense by both the agent and the person receiving the rebate.

**reciprocal insurer** (*aseguradora recíproca*) Insurance company characterized by the fact its policyholders insure the risks of other policyholders.

**recurrent disability provision** (*disposición de invalidez recurrente*) A disability income policy provision that specifies the period of time during which the reoccurrence of a disability is considered a continuation of a prior disability.

**reduced paid-up insurance** (*seguro pagado reducido; opción de seguro saldado*) A nonforfeiture option contained in most life insurance policies providing for the insured to elect to have the cash surrender vale of the policy used to purchase a paid-up policy for a reduced amount of insurance.

**reduction** (*disminución*) The insured party may at any time request a reduction of the limits of responsibility and insured amounts.

**reduction of approved fees** (*disminución de tarifas aprobadas*) If the fees approved during the term of a policy are reduced, the insurer will credit the difference to the corresponding premium payments.

**re-entry option** (*opción de renovación; renovación garantizada*) An option in a renewable term life policy under which the policyowner is guaranteed, at the end of the term, to be able to renew his or her coverage without evidence of insurability, at a premium rate specified in the policy.

**refund annuity** (*seguro de renta de reembolso*) Provides for the continuance of the annuity during the annuitant's lifetime and, in any event, until total payment equal to the purchase price has been made by the company.

**rehabilitation benefit**
(*beneficio de rehabilitación*)
Offered as an optional
benefit to a disability
income policy, it is
designed to cover the cost
of retraining in order to
reenter the work force
following a period of
disability.

**reimbursement approach**
(*enfoque de reembolso*)
Payment of health policy
benefits to insured based
on actual medical expenses
incurred.

**reinstatement** (*reinstalación*)
Putting a lapsed policy
back in force by producing
satisfactory evidence of
insurability and paying any
past-due premiums required.

**reinsurance** (*reaseguro*)
Acceptance by one or more
insurers, called reinsurers,
of a portion of the risk
underwritten by another
insurer who has contracted
for the entire coverage. (*See*
facultative reinsurance;
treaty reinsurance)

**relative value scale** (*escala de
valores relativos; tabla de
honorarios quirúrgicos*)
Method for determining
benefits payable under a
basic surgical expense
policy. Points are assigned
to each surgical procedure
and a dollar per point
amount, or conversion
factor, is used to determine
the benefit. (*See* schedule;
surgical schedule)

**renewable term** (*periodo de
vigencia renovable; seguro
renovable a edad alcanzada*)
Some term policies prove
that they may be renewed
on the same plan for one or
more years without
medical examination, but
with rates based on the
insured's advanced age.

**renewable option** (*opción
renovable; garantía de
renovación*) An option that
allows the policyowner to
renew a term policy before
its termination date
without having to provide
evidence of insurability.

**renewal** (*refrendo*) Period
confirmation of
authorization for an
insurance agent to continue
acting as such.

**replacement** (*reemplazo; cambio
de plan*) Act of replacing one
life insurance policy with
another; may be done
legally under certain

conditions. (*See* twisting; misrepresentation)

**replacement cost** (*costo de reposición*) The cost of replacing a given asset with a new item of equivalent capacity. The replacement cost takes into account material considerations, technology and modern concepts of design. In most cases, replacement cost can be substantially higher or lower than the reproduction cost.

**replacement in kind** (*reposición en especie*) The insurance company has the option of replacing the damaged or lost property with fungible goods of equal class or quality.

**replacement value** (*valor de reposición*) The cost of building, acquiring, installing and repairing property or equipment with new items of the same class, quality, size and production capacity as the insured property, not including depreciation.

**representation** (*manifestación; declaración*) Statements made by applicant on their applications for insurance that they represent as being substantially true to the best of their knowledge and belief, but that are not warranted as exact in every detail. (*See* warranties)

**reproduction cost** (*costo de reproducción*) Amount it would cost at the present time to reproduce a specific good entirely, based on an analysis of current market prices of the materials, labor, general contracting expenses, profits and fees; it assumes replacement of the asset completely and identically. (*See* real constant value)

**reserve** (*reserva*) Fund held by the company to help fulfill future claims.

**reserve basis** (*base de la reserva*) Refers to mortality table and assumed interest rate used in computing rates.

**residential care** (*asistencia residencial*) Type of health or medical care designed to provide a benefit for elderly individuals who live in a retirement community; addresses full-time needs, both social and medical.

**residual disability benefit** (*beneficio de invalidez*

*residual*) A disability income payment based on the proportion of income the insured has actually lost, taking into account the fact that he or she is able to earn some income.

**respite care** (*asistencia de descanso*) Type of health or medical care designed to provide a short rest period for a caregiver. Characterized by its temporary status.

**restoration** (*reinstalación*) By previous agreements, an insurance policy can be automatically restored with no loss of protection, following a claim that reduces the insured amount when paid.

**results provision** (*disposición de resultados*) (*See* accidental bodily injury provision)

**retention** (*retención*) In insurance, the term used for keeping a policy in force and "on the books."

**revocable beneficiary** (*beneficiario revocable*) Beneficiary whose rights in a policy are subject to the policyowner's reserved right to revoke or change the beneficiary designation and the right to surrender or make a loan on the policy without the beneficiary's consent.

**revocation** (*revocación*) Suspension of an insurance company or agent's right to engage in the business. Revocation can be imposed for a variety of reasons.

**Rhodes Marine Law** (*Ley Marítima de Rodas*) A basic principle of insurance under which the community shares the cost of a catastrophe. It is named for an edict issued in the year 900 BC on the Grecian island of Rhodes.

**rider** (*cláusula adicional*) Strictly speaking, a rider adds something to a policy. However, the term is used loosely to refer to any supplemental agreement attached to and made a part of the policy, whether the policy's conditions are expanded and additional coverages added, or a coverage or condition is waived.

**riders** (*endoso*) Additional clauses, conditions or modifications to the basic policy.

**riot and civil commotion**
(*huelgas y alborotos populares*) Coverage for damage to property resulting from the actions of a group of individuals involved in disorder, rioting and aggression.

**risk** (*riesgo*) Uncertainty regarding loss; the probability of loss occurring for an insured or prospect.

**risk pooling** (*pérdidas compartidas*) (*See* loss sharing)

**risk selection** (*selección de riesgos*) The method of a home office underwriter used to choose applicants that the insurance company will accept. The underwriter must determine whether risks are standard, substandard or preferred and adjust the premium rates accordingly.

**roll** (*vuelcos*) Policies may cover the damage suffered by a vehicle in a turnover or roll caused by a variety of factors.

**rollover IRA** (*cuenta individual para el retiro con refinanciamiento*) An individual retirement account established with funds transferred from another IRA or qualified retirement plan that the owner had terminated.

S

**salary continuation plan** (*plan de continuidad de salario*) An arrangement whereby an income, usually related to an employee's salary, is continued upon employee's retirement, death or disability.

**salary reduction SEP** (*plan simplificado de pensión para empleados con reducción de salario*) A qualified retirement plan limited to companies with 25 or fewer employees. It allows employees to defer part of their pretax income to the plan, lowering their taxable income. (*See* simplified employee pension plan)

**savings incentive match plan for employees; SIMPLE** (*plan de ahorro con incentivo de igualación para empleados*) A qualified employer retirement plan that allows small employers to set up tax-favored retirement savings plans for their employees.

**schedule** (*catálogo; tabla de honorarios quirúrgicos*) List of specified amounts payable, usually for surgical operations, dismemberment, fractures, etc. (*See* surgical schedule; relative value scale)

**secondary beneficiary** (*beneficiario secundario*) An alternative beneficiary designated to receive payment, usually in the event the original beneficiary predeceases the insured. (*See* successor beneficiary)

**Section 457 plans** (*planes de sección 457*) Deferred compensation plans for employees of state and local governments in which amounts deferred will not be included in gross income until they are actually received or made available.

**Self-Employed Individuals Retirement Act** (*Ley para el Retiro de Personas que Trabajan por su Cuenta*)

Passed by Congress in 1962, this Act enables self-employed persons to establish qualified retirement plans similar to those available to corporations.

**self-insurance** (*autoaseguramiento; seguro mutualista*) Program for providing insurance financed entirely through the means of the policyowner, in place of purchasing coverage from commercial carriers.

**self-insured plan** (*plan de autoaseguramiento*) A health insurance plan characterized by an employer (usually a large one), labor union, fraternal organization or other group retaining the risk of covering its employees' medical expenses.

**seniority** (*antigüedad*) In insurance terms, the amount of time a contract has been in effect.

**service insurers** (*aseguradoras de servicios*) Companies that offer prepayment plans for medical or hospital services; well-known examples are Blue Cross/

Blue Shield plans and health maintenance organizations.

**Servicemembers' Group Life Insurance; SGLI** (*Seguro de Vida de Grupo para Militares*) All servicemembers on active duty are automatically covered for a specified amount of this group term life insurance, unless they elect no coverage or lesser amounts. The insurance is written by commercial companies and premiums are shared by insured and federal government.

**service provider** (*proveedor de servicios*) An organization that provides health coverage by contracting with service providers, to provide medical services to subscribers, who pay in advance through premiums. Examples of such coverages are HMOs and Blue Cross/Blue Shield plans.

**settlement options** (*opciones de liquidación*) Optional modes of settlement provided by most life insurance policies in lieu of lump-sum payment. Usual options are: lump-sum cash; interest-only; fixed-period; fixed-amount; and life income.

**sheltered shipment** (*embarques bajo cubierta*) Insurance that covers only goods sheltered by the main roof of the ship.

**simplified employee pension plan; SEP** (*plan simplificado de pensión para empleados; SPE*) A type of qualified retirement plan under which the employer contributes to an individual retirement account set up and maintained by the employee. (*See* salary reduction SEP)

**single dismemberment** (*pérdida de un solo miembro*) Loss of one hand or one foot, or the sight of one eye.

**single-premium whole life insurance** (*seguro de vida total con prima única; seguro de prima única*) Whole life insurance for which the entire premium is paid in one sum at the beginning of the contract period.

**skilled nursing care** (*cuidados de enfermería profesionales*) Daily nursing care ordered by a doctor; often medically necessary. It can only be performed by or under the supervision of skilled medical professionals and is available 24 hours a day.

**Social Security** (*Seguridad Social*) Programs first created by Congress in 1935 and now composed of Old-Age, Survivors and Disability Insurance (OASDI), Medicare, Medicaid and various grants-in-aid, which provide economic security to nearly all employed people.

**sole proprietorship** (*negocio individual*) The simplest form of business organization whereby one individual owns and controls the entire company.

**special agent** (*agente especial*) An agent representing an insurance company in a given territory.

**special class** (*clase especial; seguro de riesgos subnormales*) Applicants who cannot qualify for standard insurance, but may secure policies with riders waiving payment for losses involving certain existing health impairments. (*See* substandard risk; impaired risk)

**special equipment** (*equipo especial*) An automobile insurance policy may be extended to offer additional coverage of special equipment installed in the insured vehicle by the owner.

**special questionnaires** (*cuestionarios especiales; cuestionarios específicos*) Forms used when, for underwriting purposes, the insurer needs more detailed information from an applicant regarding aviation or avocation, foreign residence, finances, military service or occupation.

**special risk policy** (*póliza de riesgos especiales*) Provides coverage for unusual hazards normally not covered under accident and health insurance, such as a concert pianist insuring his or her hands for a million dollars. (*See* limited risk policy; dread disease policy; specified disease insurance)

**specified disease insurance** (*seguro de enfermedades específicas; póliza de enfermedad temida*) (*See* limited risk policy)

**speculative risk** (*riesgo especulativo*) A type of risk that involves the chance of both loss and gain; not insurable.

**spendthrift provision** (*cláusula de derroche; cláusula de inafectabilidad*) Stipulates that, to the extent permitted by law, policy proceeds shall not be subject to the claims of creditors of the beneficiary or policyowner.

**split-dollar life insurance** (*seguro de vida de dinero dividido*) An arrangement between two parties where life insurance is written on the life of one, who names the beneficiary of the net death benefits (death benefits less cash value), and the other is assigned the cash value, with both sharing premium payments.

**spousal IRA** (*cuenta individual para el retiro del cónyuge*) An individual retirement account that persons eligible to set up IRAs for themselves may set up jointly with a nonworking spouse.

**standard provisions** (*disposiciones normales*) Forerunners of the Uniform Policy Provisions in health insurance policies today.

**standard risk** (*riesgo normal*) Person who, according to a company's underwriting standards, is entitled to insurance protection without extra rating or special restrictions.

**stock bonus plan** (*plan de incentivo en acciones*) A plan under which bonuses are paid to employees in shares of stock.

**stock insurer** (*aseguradora accionaria*) An insurance company owned and controlled by a group of stockholders whose investment in the company provides the safety margin necessary in issuance of guaranteed, fixed premium, nonparticipating policies.

**stock redemption plan** (*plan de amortización de acciones*) An agreement under which a close corporation purchases a deceased stockholder's interest.

**stop-loss provision** (*disposición de pérdida limitada; sumas máximas por evento*) Designed to stop the company's loss at a given point, as an aggregate payable under a policy, a maximum payable for any one disability or the like; also applies to individuals, placing a limit on the maximum out-of-pocket expenses an insured must pay for health care, after which the health policy covers all expenses.

**straight life income annuity (straight life annuity; life annuity)** (*seguro de renta vitalicia directo [seguro de renta vitalicia]*) An annuity income option that pays a guaranteed income for the annuitant's lifetime, after which time payments stop.

**straight whole life insurance** (*seguro de vida total directo*) (*See* whole life insurance)

**subjective value** (*valor subjetivo*) Sometimes known as "owner-estimated value", this is the value of a property to its owner, generally taking into account emotional reasons as well as its value or worth to another party. One example may be an old family portrait, a military medal, a ticket stub for an important event, or some other prized souvenir.

**subrogation** (*subrogación*) Transfer of rights possible only in the liability branch.

**subrogation of rights** (*subrogación de derechos*) Surrender of an insured party's rights to take action against the third party; the rights are transferred to the insurance company that has paid a claim. Under this clause, insurance companies may take legal action against a third party responsible for the loss on which they paid the claim.

**subscriber** (*suscriptor*) Policyowner of a health care plan underwritten by a service insurer, such as Blue Cross/Blue Shield.

**substandard risk** (*riesgo de nivel inferior; seguro de riesgos subnormales; riesgo subnormal*) Person who is considered an under-average or impaired insurance risk because of physical condition, family or personal history of disease, occupation, residence in unhealthy climate or dangerous habits. (*See* special class; impaired risk)

**successor beneficiary** (*beneficiario sucesor*) (*See* secondary beneficiary)

**suicide** (*suicidio*) For life insurance purposes, in the event the insured party takes his or her own life, the insurance company is only obligated to pay the full amount covered under the policy if the event occurs two years or more after the policy is signed; before that term, it may refuse the claim.

**suicide provision** (*cláusula de suicidio*) Most life insurance policies provide that if the insured commits suicide within a specified period, usually two years after the issue date, the company's liability will be limited to a return of premiums paid.

**supplemental accident coverage** (*cobertura complementaria de accidentes*) Often included as part of a group basic or major medical plan, this type of coverage is designed to cover expenses associated with accidents to the extent they are not provided under other coverages.

**supplementary major medical policy** (*póliza complementaria de gastos médicos mayores*) A medical expense health plan that covers expenses not included under a basic policy and expenses that exceed the limits of a basic policy.

**surgical expense insurance** (*seguro de gastos quirúrgicos*) Provides benefits to pay for the cost of surgical operations.

**surgical schedule** (*catálogo quirúrgico; tabla de honorarios quirúrgicos*) List of cash allowances payable for various types of surgery, with the respective maximum amounts payable based upon severity of the operations; stipulated maximum usually covers all professional fees involved, e.g., surgeon, anesthesiologist. (*See* schedule; relative value scale)

**surplus** (*superávit*) The amount by which assets exceed liabilities.

**surplus lines broker** (*corredor de líneas superávit*) An individual licensed to place coverage not available in his or her state (or not available in sufficient amount) through insurers not licensed or not admitted to do business in the state where the broker operates.

**surrender value** (*valor de rescate* ) (*See* cash surrender value)

# T

**tax base** (*base de impuestos*) The capitalized cost minus the depreciation figured into the federal income tax return. Depreciation is calculated according to a specific formula, on the assigned or assignable life, for tax periods. Sometimes synonymous with the book basis.

**taxable wage base** (*base salarial gravable*) The maximum amount of earnings upon which FICA taxes must be paid.

**tax-sheltered annuity** (*seguro de renta protegido contra impuestos*) An annuity plan reserved for nonprofit organizations and their employees. Funds contributed to the annuity are excluded from current taxable income and are only taxed later, when benefits begin to be paid. Also called tax-deferred annuity and 403(b) plan.

**temporary coverage** (*cobertura provisional*) Acceptance of proposed risk through an official document, effective until such time as the insurer has obtained complete information for precise evaluation of the risk and issues the definitive policy.

**temporary disability** (*incapacidad temporal*) According to Article 478 of the Mexican Insurance Contract Law, this is the loss of faculties or capabilities that makes a person totally or partially unable to engage in their occupation for some period of time.

**temporary flat extra premium** (*prima adicional fija temporal; cargo fijo*) A fixed charge per $1,000 of insurance added to substandard risks for a specified period of years.

**temporary insurance agreement** (*convenio de*

*seguro temporal*) (*See* binding receipt)

**term** (*vigencia; término*) The period between the time the contract takes effect and the time it expires.

**term insurance** (*seguro con periodo de vigencia; seguro de vida temporal*) Protection during a limited number of years; expiring without value if the insured survives the stated period, which may be one or more years, but usually is 5 to 20 years, because such periods generally cover the needs for temporary protection.

**term of policy** (*periodo de vigencia de la póliza*) Period for which the policy runs. In life insurance, this is to the end of the term period for term insurance, to the maturity date for endowments and to the insured's death (or age 100) for permanent insurance. In most other kinds of insurance, it is usually the period for which a premium has been paid in advance; however, it may be for a year or more, even though the premium is paid on a semiannual or other basis.

**termination** (*extinción*) There are three main ways in which an insurance contract may be terminated: recession, annulment or suspension (definitive or temporary).

**territorial limits** (*territorialidad*) Automobile or truck coverage may be extended to cover accidents outside the national territory, except for civil liability and legal defense.

**tertiary beneficiary** (*beneficiario terciario*) In life insurance, a beneficiary designated as third in line to receive the proceeds or benefits if the primary and secondary beneficiaries do not survive the insured.

**third-party administrator; TPA** (*tercero administrador; TA*) An organization outside the members of a self-insurance group which, for a fee, processes claims, completes benefits paperwork and often analyzes claims information.

**third-party applicant** (*tercero solicitante; contratante*) A policy applicant who is not the prospective insured.

**three-year rule** (*regla de los tres años*) Under estate tax law, this rule brings into the gross estate the value of any life insurance policy in which the decedent had incidents of ownership if the policy had been transferred within three years of his or her death.

**time limit on certain defenses** (*límite de tiempo sobre ciertas defensas; periodo de disputabilidad*) A provision stating that an insurance policy is incontestable after it has been in force a certain period of time. It also limits the period during which an insurer can deny a claim on the basis of a preexisting condition.

**total disability** (*invalidez total*) Disability preventing insureds from performing any duty of their usual occupations or any occupation for remuneration; actual definition depends on policy wording.

**total theft of the vehicle** (*robo total del vehículo*) Fundamental automobile insurance coverage which insures the policyholder against high current risk.

Such policies may be written with a variety of deductible levels and conditions, covering total or partial theft of the vehicle.

**towing insurance** (*gastos de traslado*) Covers expenses relating to the towing of a vehicle damaged as the result of an accident and unable to move under its own force.

**traditional net cost method** (*método tradicional de costo neto; comparativo de primas*) A method of comparing costs of similar policies that does not take into account the time value of money.

**transfer of insured** (*transferencia*) Clause by which insurance coverage may be transferred to another party, upon due notification by the policyholder to the insurer. The transfer cannot be made if it involves an aggravation of risk.

**transportation** (*transportación*) In the auto insurance branch, this covers the risk of damage to a vehicle that is occasionally transported within another vehicle.

**travel-accident policies**
(*pólizas de accidentes en viajes*) Limited to indemnities for accidents while traveling, usually by common carrier.

**treaty reinsurance** (*reaseguro por acuerdo*) An arrangement under which two or more insurers agree to share large insurance risks; the reinsurer automatically reinsures risks of a certain type written by the other, subject to the agreement.

**trust** (*fideicomiso*) Arrangement in which property is held by a person or corporation (trustee) for the benefit of others (beneficiaries). The grantor (person transferring the property to the trustee) gives legal title to the trustee, subject to terms set forth in a trust agreement. Beneficiaries have equitable title to the trust property.

**trustee** (*fiduciario*) One holding legal title to property for the benefit of another; may be either an individual or a company, such as a bank and trust company.

**twisting** (*conmutación; cambio de plan*) Practice of inducing a policyowner with one company to lapse, forfeit or surrender a life insurance policy for the purpose of taking out a policy in another company. Generally classified as a misdemeanor, subject to fine, revocation of license and sometimes imprisonment. (*See* misrepresentation; replacement)

# U

**unallocated benefit** (*beneficio no asignado*) Reimbursement provision, usually for miscellaneous hospital and medical expenses, that does not specify how much will be paid for each type of treatment, examination, dressing, etc., but only sets a maximum that will be paid for all such treatments.

**underinsurance** (*infraseguro; bajo seguro*) When the insured amount is less than the value of the property insured.

**underwriter** (*asegurador[a]*) Company receiving premiums and accepting responsibility for fulfilling the policy contract. Company employee who decides whether or not the company should assume a particular risk. The agent who sells the policy.

**underwriting** (*suscripción; tramitación*) Process through which an insurer determines whether, and on what basis, an insurance application will be accepted.

**Unfair Trade Practices Act** (*Ley de Prácticas Comerciales Desleales*) A model act written by the National Association of Insurance Commissioners (NAIC) and adopted by most states empowering state insurance commissioners to investigate and issue cease and desist orders and penalties to insurers for engaging in unfair or deceptive practices, such as misrepresentation or coercion.

**unfinished goods** (*productos no terminados*) Raw materials that have undergone intentional transformation toward a finished good that is not yet complete.

**Uniform Individual Accident and Sickness Policy Provisions Law** (*Ley de Disposiciones Uniformes en Pólizas Individuales de*

*Accidentes y Enfermedad*)
NAIC model law that
established uniform terms,
provisions and standards
for health insurance
policies covering loss
"resulting from sickness or
from bodily injury or death
by accident or both".

**Uniform Simultaneous Death
Act** (*Ley Uniforme de Muerte
Simultánea*) Model law
which states that when an
insured and beneficiary die
at the same time, it is
presumed that the insured
survived the beneficiary.

**unilateral** (*unilateral*)
Distinguishing
characteristic of an
insurance contract in that it
is only the insurance
company that pledges
anything.

**uninsurable risk** (*riesgo no
asegurable; riesgo fuera de
política*) One not acceptable
for insurance due to
excessive risk.

**universal life** (*vida universal;
línea universal*) Flexible
premium, two-part contract
containing renewable term
insurance and a cash value
account that generally
earns interest at a higher
rate than a traditional
policy. The interest rate
varies. Premiums are
deposited in the cash value
account after the company
deducts its fee and a
monthly cost for the term
coverage.

**urgent care center** (*centro de
asistencia urgente*) Health
care establishment that
allows patients to see a
physician without an
appointment at any time;
serves as an alternative to a
hospital emergency room.

**use** (*uso*) No material exposed
to work or effort remains
unchanged over the course
of time; the resulting wear
has a determining impact
on the value of that good,
as determined in an
assessment.

**utilization review** (*revisión de
la utilización*) A technique
used by health care
providers to determine
after the fact if health care
was appropriate and
effective.

# V

**valuation agreement** (*valor convenido*) In marine insurance, the insurance company and the insured company together establish the value of the property to be insured, as stated in the valuation clause of the contract.

**valued contract** (*contrato valuado*) A contract of insurance that pays a stated amount in the event of a loss.

**variable annuity** (*seguro de renta variable*) Similar to a traditional, fixed annuity in that retirement payments will be made periodically to the annuitants, usually over the remaining years of their lives. Under the variable annuity, there is no guarantee of the dollar amount of the payments; they fluctuate according to the value of an account invested primarily in common stocks.

**variable increment index** (*índice variable de incrementos*) The insurable amount on a policy may be adjusted automatically according to one or more agreed-upon indicators.

**variable life insurance** (*seguro de vida variable*) Provides a guaranteed minimum death benefit. Actual benefits paid may be more, however, depending on the fluctuating market value of investments behind the contract at the insured's death. The cash surrender value also generally fluctuates with the market value of the investment portfolio.

**variable universal life insurance** (*seguro de vida universal variable; línea universal con incrementos*) A life insurance policy combining characteristics of universal and variable life policies. A VUL policy contains unscheduled premium payments and death benefits and a cash value that vary according to the underlying funds whose investment portfolio is managed by the policyowner.

**vesting** (*adquisición de derechos*) Right of employees under a retirement plan to retain part or all of the annuities purchased by the employer's contributions on their behalf or, in some plans, to receive cash payments or equivalent value, on termination of their employment, after certain qualifying conditions have been met.

**Veterans' Group Life Insurance; VGLI** (*Seguro de Vida de Grupo para Veteranos*) Low-cost nonrenewable, but convertible, five-year term insurance to which Servicemembers' Group Life Insurance (SGLI) is converted automatically at the time an insured servicemember is discharged, separated or released from active duty. At the end of the five-year period, the veteran may convert his or her VGLI to an individual policy with any company participating in the program.

**vision insurance** (*seguro de la vista*) Optional coverage available with group health insurance plans, vision insurance typically pays for charges incurred during eye exams; eyeglasses and contact lenses are usually excluded.

**void contract** (*contrato nulo*) An agreement without legal effect; an invalid contract.

**voidable contract** (*contrato anulable*) A contract that can be made void at the option of one or more parties to the agreement.

**voluntary group AD&D** (*MAPM voluntario de grupo*) A group accidental death and dismemberment policy paid for entirely by employees, rather than an employer.

**voting right** (*derecho de voto*) In marine insurance, the insurer may require or request a number of different bids on the cost of settling a claim.

# W

**waiting period** (*periodo de espera*) (*See* elimination period)

**waiver** (*renuncia*) Agreement waiving the company's liability for a certain type or types of risk ordinarily covered in the policy; a voluntary giving up of a legal, given right.

**waiver of premium** (*exención de prima; cláusula de exención de pago de primas por invalidez*) Rider or provision included in most life insurance policies and some health insurance policies exempting the insured from paying premiums after he or she has been disabled for a specified period of time, usually six months in life policies and 90 days or six months in health policies.

**war clause** (*cláusula de guerra*) Relieves the insurer of liability, or reduces its liability, for specified loss caused by war.

**warranties** (*garantías; declaración*) Statements made on an application for insurance that are warranted to be true; that is, they are exact in every detail as opposed to representations. Statements on applications for insurance are rarely warranties, unless fraud is involved. (*See* representation)

**whole life insurance** (*seguro de vida total; seguro de vida entera*) Permanent level insurance protection for the "whole of life," from policy issue to the death of the insured. Characterized by level premiums, level benefits and cash values. (*See* straight whole life insurance)

**wholesale insurance** (*seguro mayorista*) (*See* franchise insurance)

**willful misrepresentation** (*dolo*) Deliberate deception or misstatement on the part of the insured when signing an insurance contract, which may be grounds for rejection of a submitted claim.

**workers' compensation**
(*compensación al trabajador*) Benefits paid workers for injury, disability or disease contracted in the course of their employment. Benefits and conditions are set by law, although in most states the insurance to provide the benefits may be purchased from regular insurance companies. A few states have monopolistic state compensation funds.

# Y

**yearly renewable term insurance; YRT** (*seguro con periodo de vigencia renovable al año*) (*See* annually renewable term)

DICCIONARIO BILINGÜE
DE SEGUROS
PRIMERA EDICIÓN
JULIO 1999
TIRO: 2 000 EJEMPLARES
IMPRESIÓN Y ENCUADERNACIÓN:
ARTE Y EDICIONES TERRA, S.A.
OCULISTAS NO. 43
COL. SIFÓN
MÉXICO, D.F.